Karl Foerster

Neuer Glanz des Gartenjahres

Wer lernt aus
in der Liebe zum Garten

Karl Foerster

Neuer Glanz des Gartenjahres

*Bilder, Berichte und Erfahrungstabellen
aus dem Leben
der winterhart ausdauernden
Gewächse des Gartens*

Neumann Verlag · Radebeul

Der Autor, Prof. Dr. h. c. Karl Foerster,
verstarb am 27. 11. 1970.
Die Neubearbeitung des Titels nahm
Dr. Konrad Näser vor.

Die Deutsche Bibliothek – CIP-Einheitsaufnahme

Foerster, Karl:
Neuer Glanz des Gartenjahres : Bilder, Berichte und Erfahrungstabellen aus dem Leben der winterhart ausdauernden Gewächse des Gartens / Karl Foerster. – 9. Aufl. / [die Neubearb. nahm Konrad Näser vor]. – Radebeul : Neumann, 1991
ISBN 3-7402-0098-7
NE: Näser, Konrad [Bearb.]

9. Auflage 1991

Dr.-Schmincke-Allee 19, O-8122 Radebeul
Printed in Germany
Lektorat: Dr. Manfred Geyer
Einbandgestaltung und Typographie: Heide Siegemund
Satz: Förster & Borries, Satz-Repro-GmbH Zwickau/Sachsen
Repro: Color Reproduktion Heidenau
Druck und Weiterverarbeitung: Chemnitzer Verlag und Druck GmbH, Werk Zwickau

Inhalt

Vorwort 7

Einleitung 9

Vorfrühling *Ende Februar bis Ende April* 11
- Stauden und Blumenzwiebelstauden des Gartenvorfrühlings 17
- Vorfrühlings-Blütensträucher 25
- Frühgrünende Gehölze 27
- Auffallend austreibende und frühgrünende Stauden 27
- Frühgrünende und frühblühende Gräser, Seggen und Simsen 28

Frühling *Mai* 29
- Frühblühende Strauch-Rosen 40
- *Iris germanica* Barbata-Eliator-Gruppe 40
- Wiesen-Iris *(Iris sibirica)* 43

Frühsommer *Juni* 45
- Rittersporne (*Delphinium*-Hybriden) 53
- Taglilien (*Hemerocallis*-Hybriden) 54

Hochsommer *Juli* 56
- Phlox-Paniculata-Hybriden 65
- Astilben 66

Spätsommer *August* 67
- Langspielplatten, Dauerblüher, Langeblüher, Öfterblüher 72
- Langspielplatten aus dem Gräserreich 75
- Gelbe Riesenstauden des Hoch- und Spätsommers 76

Nachsommer *September* 77
- Zwerg-Seerosen 88
- Kleine Auswahl winterharter Sumpf- und Wasserpflanzen 88
- Ideale Dahlien für jedermanns Garten 89
- Buntblättrige Stauden, Gräser, Binsen, Seggen und Simsen 92

Herbst und Spätherbst *Oktober bis November* 95
- Stauden-Astern 106
- Winterharte Garten-Chrysanthemen 108
- Oktoberblüher 110
- Herbstfärbende Laubgehölze 112
- Schönste Beerenschmucksträucher 113
- Herbstfärbende Klettergehölze 113
- Schönfruchtende Klettergehölze 114

Winter *Ende November bis Ende Februar* 115
- Zwergnadelgehölze 121
- Immergrüne Zwerglaubgehölze 122
- Unersetzliche größere immergrüne Laubgehölze 123
- Absolut winterharte und immergrüne Rhododendron-Hybriden 123
- Mittelgroße Nadelgehölze auch noch für kleinere Hausgärten 125

Liste der ungültigen botanischen Namen (Synonyma) 126

Literaturnachweis 128

Bildnachweis 129

Register 130

Zum Sommeranfang blühen im sonnigen Steingarten
die Pfingst-Nelken, *Dianthus gratianopolitanus*.

Vorwort

Im Herbst 1970, wenige Wochen vor seinem Tode, konnte Karl Foerster noch die letzte Ausgabe, die 8. Auflage des vorliegenden Werkes in die Hand nehmen. Seitdem blieb es still um den neuen Glanz in den Bornimer Gärten. Die Gärtner jedoch, die Züchter, Sammler und Enthusiasten, blieben weiter am Werk. Und plötzlich, wie erlöst von jahrelangen Fesseln, steht eine überwältigende Fülle neuer Pflanzen bereit, um den Gärten in ganz Deutschland und weit darüber hinaus einen neuen Glanz zu verleihen.

In solcher Weise aufgefordert, ist es geradezu zwingend, das Anliegen Karl Foersters nach zwanzigjähriger Pause wieder aufzunehmen und über die neue Schönheitswelt der Gärten in Wort und Bild zu berichten.

Dabei zeigte sich, daß Karl Foerster bis in seine letzten Lebensjahre hinein mit visionärem Weitblick die Quellen des Gartenfortschritts verfolgt hat, so daß bei der Überarbeitung der Texte nur ganz geringfügige Änderungen notwendig waren. Seine Grundaussagen sind durch die Entwicklung bestätigt worden und reichen noch weit in die Zukunft hinein. So bleibt das Werk als »Foerster-Buch« erhalten.

Erforderlich war es allerdings, dem Leser durch neue Abbildungen einen Eindruck von den inzwischen erreichten Fortschritten zu geben. Die durchgehend neue Ausstattung des Werkes mit Farbfotos, zu denen der Bearbeiter die Bildtexte schrieb, entspricht diesem Anliegen. Auch alle Listen und Tabellen haben eine gründliche Überarbeitung erfahren, um den heutigen Stand der Sortimentsentfaltung wiederzugeben.

Die ständige wissenschaftliche Entwicklung der Nomenklatur hat viele Änderungen in den botanischen Pflanzennamen gebracht, die manchem Leser ungewohnt sein werden. Eine gesonderte Liste dieser Änderungen am Schluß des Buches erleichtert die Orientierung. Ebenfalls an botanischen Merkmalen orientiert ist die neue Bindestrich-Schreibweise vieler deutscher Pflanzennamen.

Für die großzügige Unterstützung und Begleitung beim Vorbereiten und Ausstatten dieser Neuauflage seien Frau Eva Foerster und ihrer Tochter, Frau Marianne Foerster, dem Lektor des Verlages, Herrn Dr. Geyer, den Foto-Autoren und nicht zuletzt meiner Frau, die in fachlicher Hinsicht, sowie beim Prüfen und Schreiben der Manuskripte vielfältige Unterstützung gab, herzlich gedankt.

Potsdam im Frühjahr 1991 Dr. Konrad Näser

Die sommergrünen Azaleen sind die Ouvertüre zur Blütenpracht
der immergrünen Rhododendren. Sie blühen im Mai.

Einleitung

In dem neuen, allen Gärten so leicht zugänglichen Reiche der Dauerpflanzen, also der Blütenstauden, Blütensträucher, Blumenzwiebelstauden und Zwerggehölze, ist eine Schönheitswelt aufgestiegen und in ständiger Emporentwicklung, deren Bedeutung und Lebenswert noch ganz außer Verhältnis stehen zu der geringen Verbreitung, welche diese Lebensherrlichkeiten bisher infolge der unzureichenden Methoden ihrer Bekanntgabe und Verbreitung erfahren haben. Dies ist um so erstaunlicher, als uns ja eine Fülle neuer technischer Mittel für eindrucksvollere Bekanntgabe zugewachsen ist.

Die großen Voraussetzungen, die erfüllt werden müssen, wenn sich die Welt des Gartens immer mehr ausbreiten soll, sind die folgenden:

Zuerst nenne ich die Entwicklung, die sich in diesem Buche vorbereitet. Es ist die farbige naturdokumentarische Darstellung der neuen Gartennatur in Bilderbüchern, welche den Hochzuchten auf dem Gebiete all jener Pflanzen zugewandt ist, die das Grundgerüst der Gärten bilden und bisher in den Gartenbauausstellungen nur ausnahmsweise zu ihrem Rechte gelangten.

Da nun dies Buch und seine Nachfolger eine sehr große Anzahl von Menschen erreichen und bewegen wird, welche den Gartendingen noch fern steht, erwähne ich beiläufig, daß ich seit vielen Jahrzehnten der Züchtungsarbeit auf dem Gebiete der winterhart ausdauernden Blütenstauden und der Verbreitung lebendigen Wissens um jenes moderne Schatzreich der Gärten in Wort und Bild, Zeitschrift und Buch gedient habe und weiter diene.

Ich habe in Veröffentlichungen nicht nur versucht, mit neuen Leitgedanken sachlicher Gründlichkeit sowie Beobachtungsdauer zu arbeiten, sondern auch gleichzeitig alle Fragen des Gartens und der Blumen in das Blickfeld noch ganz anderer Betrachtungen zu rücken, welche die wunderbare Rolle all dieser großen und kleinen Pflanzen in unserem Erlebnis der Jahreszeit und Tageszeit zum Gegenstand haben und uns auf ihre Weise mit der Bodenseele, dem »Genius des Gartenplatzes«, und vor allem mit dem Genius und Wechsel der Gezeiten des Jahres und Tages verbinden.

Weiter nenne ich als zweite große Forderung, die ich seit meiner ersten diesbezüglichen Publikation im Jahre 1920 vertrete und deren Verwirklichung ich nun freudig begrüße, die so selbstverständliche Errichtung großer Gemeinschafts- und Sammelgärten, welche die Hochzuchten unserer Gartenzone auf den genannten Gebieten umfassen und unser Volk und seine Gartengestalter zum erstenmal im Großen mit dem Werkstoff unserer Gärten unmittelbar bekannt machen. Eine Vielheit solcher Gartenstätten wird sich durch unser Land verbreiten, welche alle die Verbindung miteinander und mit ähnlichen großen Sichtungsstätten der anderen Länder zu pflegen haben. Nur solche Dauergärten können die Grundlage der Wertzeugniserteilung bilden, welche den inländischen und ausländischen Käufer vor Schaden durch halbgute Dinge bewahrt und hiermit eine entscheidende Zukunftsrolle spielen wird. Solche Sammelgärten, welche alljährlich um neueste Fortschritte des In- und Auslands bereichert werden sollen, müssen gegen mäßiges Eintrittsgeld geöffnet sein und gepflegte Gaststätten erhalten. Leichtes Eintrittsgeld fördert Interesse, Schätzung und Aufmerksamkeit!

Als dritter Voraussetzung sei der folgenden gedacht: Der Farbfilm muß heran an den Garten! Und zum erstenmal müssen farbig bewegte Gänge durch Gärten und ihre Jahreszeiten fort und fort an die ungeheuren Mengen naturferner Kinobesucher herangebracht werden. Die farbige Darstellung der Natur wird auch hier neben der Schwarzweißwiedergabe ihre bedeutsame Macht erweisen, sich dem Gedächtnis einzuprägen; größte Wirkung aber wird vom farbigen Fernsehen ausgehen.

Den leidenschaftlichen Freunden des Gartens muß als nächster Punkt die Gewinnung einer regelmäßigen Mithilfe der großen Zeitungen und Zeitschriften am Herzen liegen. Diese Mithilfe hat sich in England, dem höchstentwickelten Gartenland, schon zu solcher Regelmäßigkeit und Lebhaftigkeit entfaltet, daß sich in einem bedeutenden Blatt sogar eine ständige humoristische Gartenecke auftrat, deren Darbietungen uns höchst vertraut anmuten. Auch die Großpresse wird daran Freude haben, Gartenfragen zuweilen im weltweiten Sinn zu behandeln und den Lesern Begriffe von der Verwurzelung ihrer Gärten mit allen Fernen des Erdballs zu geben. Diese abenteuerlichen Dinge interessieren ja auch die reifere Schülerwelt stärker und nachhaltiger als die bloße Botanik, besonders wenn man endlich dazu vorgeschritten sein wird, die Schulgärten durch die Schülergärten zu ergänzen!

Dies Buch behandelt seinen unabsehbaren Gegenstand, indem es die Gartenmonate und ihr neues Gesicht schildert, was natürlich nur im Fluge geschehen kann – wenn auch gerade manche Dinge im Fluge überschaubarer sind als in der Nähe!

... Neue, veredelte Blütenfarben bringen nun überraschende, veredelte Farbenklänge, an denen auch altbekannte Farben ihren Anteil nehmen. Kurzum: der Fortschritt trifft ins Mark unserer Freude!

Der Glanz des Gartenjahres ist von keinem Veralten bedroht; er wird von Jahr zu Jahr reicher an neuem Zauber.

Potsdam-Bornim im Herbst 1969
Karl Foerster

Vorfrühling
Ende Februar bis Ende April

Bereits mitten im Winter öffnet die Zaubernuß, *Hamamelis mollis*, ihre Blüten und hat sie noch offen, wenn im Februar oder März Schneeglöckchen und Winterling dazustoßen.

Zum ersten Male in der Geschichte des Gartens unserer gemäßigten Zone hat sich im Lauf der letzten Jahrzehnte der Gartenvorfrühling zu einer ganz außerordentlichen und erregenden Lebensangelegenheit entwickelt und eine Erfahrungswelt und Bilderfülle heraufgeführt, die ein ganzes gewichtiges Buch füllen könnten. Die Pflanzenlisten für diese neue Provinz des Gartenlebens umfassen ausdauernde Blütenstauden, ausdauernde Blumenzwiebelstauden, Zwerggehölze, Blütensträucher, früh ergrünende Gehölze und Stauden sowie die immergrünen Helfer der Gehölz- und Staudenwelt. Unsere aus Dauererfahrungen erbrüteten Pflanzenzusammenstellungen werden sich immer ausführlicher auf die einzelnen Monatshälften des März und des April beziehen.

Man muß selbstverständlich Pflanzen nicht in Einzeltönen, sondern in Klängen sehen und benachbaren, am besten in Dreiklängen. Hier liegt auch ein endloser Spielraum für Wagnisse ohne Ende. Setze zwei einander »fremde« Farben durch eine dritte in leidenschaftliches Gespräch! Wir treten in ein Zeitalter ein, in dem wir nun auch im europäischen Gartenleben den geheimen Geselligkeitsbedürfnissen der Pflanzen im Garten nachgehen und nachgeben. Das ferne Ostasien ist hierin so weit voraus, daß Malerei und Farbenholzschnitt sich dieser Kontrapunktik schon traditionell bemächtigen; denn jene uralten Fernostkulturen sind uns ja überhaupt in der optischen Welt vielfach so überlegen, wie wir es ihnen in der Welt der Töne sind. Diesen Überlegenheiten jener fernen Men-

Märzbecher, *Leucojum vernum,* sind in den Gärten leider nicht häufig. Sie bevorzugen nährstoffreiche, feuchte Standorte.

schenbrüder danken wir schon mehr, als wir irgend ahnen. Die Welt ist auf unermeßliche Gegenseitigkeit gestellt!

Jenem fernen Anstoß danken wir das Erwachen unserer Gartenkunst zum fruchtbaren Doppelleben der Pracht-Gartenkunst und der Wildnis-Gartenkunst. Das alles geht auch schon kleine und schlichte Gärten an, mit deren Aufgaben und Möglichkeiten sich Gartengestalter und Gartenfürsorger immer eifriger beschäftigen werden, ohne deswegen die mannigfachen Aufgaben und Lockungen größerer Gemeinschafts- und Sammelgärten aus den Augen zu lassen. Wenn du also gar keinen rechten Platz für den Blütenflor der ersten acht Wochen des Jahres in deinem Garten hast und dich und deine Kinder doch nicht um diesen neuen Welt- und Lebensreichtum bringen willst, dann mach doch einmal den Anfang mit der Vorlagerung eines schmalen Beetstreifens vor deine ziemlich breite Staudenrabatte, von der man solchen Vorfrühlingsstreifen durch einen schmalen Tretweg sondert. Über das Verblühen und Vergilben der Blattschöpfe hilft leichte Durchpflanzung mit kleinen Schmuckgräserstauden hinweg, im Schatten auch mit Farnen. Ein langer, schmaler Beetstreifen saugt mehr Reichtum auf, als man meinen sollte; denn zahllose Vorfrühlingshelden sind ja rührend kleine Gewächse, was sie nicht hindert, sich durch erstaunliche Zeiträume hindurchzukämpfen und dir treu zu bleiben. Es hat sich bei solchen Kleinstaudenstreifen herausgestellt, daß es auf die Dauer doch sehr gut und erfreulich ist, sie in schmale grüne Rahmen zu legen, also ihnen mit dem immergrünen Mongolen-Sedum, *Sedum hybridum* 'Immergrünchen', eine Fassung zu geben oder auch kurzzuhaltenden Buchsbaum zu verwenden. Das genannte Sedum läßt sich sehr schnell und leicht vermehren und geht aus vielen Gründen großer Schätzung und Verbreitung entgegen, wenn es auch jetzt noch wenig bekannt ist. Auch das immergrüne *Sedum forsterianum ssp. elegans* wartet auf Verwendung der Einzigartigkeit.

Wer dem Vorfrühlingsflor einen Hohlweg bereitet, und zwar entweder im strengen oder im Wildnisgartenstil, sorge dafür, daß die begleitenden Pflanzflächen möglichst nicht schräg liegen, sondern in horizontalen Terrassen verlaufen. Auch Terrassenstufen können sich dem natürlichen Stil fügen. Den Erdstufen selber, die wechselnd flacher oder steiler gehalten werden, gibt man mit den entsprechenden flachen Polsterpflanzen den nötigen Halt, läßt diese zuweilen nach oben und unten hin ausstrahlen. Bei regelmäßiger Gestaltung aber stützt man die Erdstufen etwa mit angeschrägten, gitterartig übereinandergreifenden alten Ziegeln, deren Lücken gleichfalls bepflanzt werden. Bei der Durchführung solcher Hohlwege mit flacher Seitenterrassierung unter Pergolagerüsten darf man diese niedriger halten. Natürlich kann man auch lange, seitlich ein wenig emporgestützte, mäßig breite und wegebegleitende Rabatten in Sonne oder Halbschatten ganz dem Gartenvorfrühling widmen.

Wer sonst wesenlos daliegende Gartenplätze dem Vorfrühling im Wildnisgartenstil widmen will, sorge im Hintergrund für frühgrüne Gehölze und lege die leichtgehobenen, leichtgemuldeten Flächen in ein sparsames Geäder einiger schmaler Tretwege.

Wir greifen einen kleinen Einzelvorschlag heraus: Eine Märzheidefläche in rosa und wei-

Der Schneestolz, *Chionodoxa gigantea*, ist trotz seiner großen Gartendienstbereitschaft ebenfalls nur selten anzutreffen.

Auffallend im noch kahlen Garten ist das März-Rhododendron, *Rh.* × *praecox*; eine Nacht späten Frostes kann die Blütenschönheit aber vernichten.

ßer Spielart züngelt aus lichtem Gehölz in volle Sonne und trägt als letzten Gehölzausläufer drei »Wacholdergnome« in abgestuft verschiedenen Größen. Wochenlang früher als die »März-heide« blüht die Züchtung 'Winter Beauty'. Man kann als Alpenfrühlingsgenossen auch weiße und lilafarbene Krokus einsprengen.

Darf man Fremdgestalten, die nicht unserer deutschen Vegetation angehören, zum Beispiel das Karneval-Rhododendron, *Rh. mucronulatum*, oder auch das März-Rhododendron, *Rh.* × *praecox*, in solchen Naturgartenpartien verwenden? Die Frage ist zu bejahen, sofern man Pflanzen wählt, die genug Wildnischarakter haben und halbwegs einer ähnlichen Position in der Natur zugewiesen sind wie die Nachbarpflanzen. Man darf also Massen der rosa Karneval-Primel, *Primula vulgaris* ssp. *sibthorpii*, und des rosa und weißen Zwergalpenveilchens, *Cyclamen coum*, in nächste Umgebung des Karneval-Rhododendron pflanzen; beide blühen dort vom 20. Februar an vier Wochen lang. Diese Begegnung soll man seinem Gartenplätzchen nicht versagen, auch wenn zuweilen jener Flor des Rhododendron vom Frost vorzeitig beendet wird. Nicht weit davon sollte dann eben dem März-Rhododendron die Nachbarschaft späterer Alpenveilchen sowie auch der Schnee-Heide verschafft werden.

Jahr für Jahr bereichert sich die Vorfrühlingswelt der Gärten durch Neueinführung aus fernen Ländern oder durch Neuzüchtung im Bereich des Vorhandenen, in das nun durch die Neueinführungen andere Kreuzungsmöglichkeiten eindringen. Man kann sehr gespannt sein, was die nächsten fünfzig Jahre unserem Vorfrühlingsgarten hinzu bringen werden!

Es ist immer, als ob man Märchen erzählte: Plötzlich taucht da am Gartenhorizont die neue starklebige, schon Ende Februar erblühende hellblaue *Scilla mischtschenkoana* auf. Drei Zwiebeln im Blumentopf ergeben bereits eine komplette Blütenwirkung! Schon ist eine Veredlung in schönerem Blau gelungen.

Immer wieder staunen wir, wie unsere gärtnerische Arbeit uns in homerische Ursprungsgefilde so vieler Frühlingsblumen trägt, die sich bei uns ebenso fest eingewurzelt haben wie Homer in unserem Bewußtsein. Was kommt alles an Frühblühern aus Gebirgen Persiens oder Kleinasiens!

Märztulpen sind nicht nur Zuwachs einer Wildtulpe, von der wir nichts ahnten, als wir noch jung waren, sondern haben uns durch die Züchterarbeit schon wieder Zwergformen jener ersten Frühaufsteher des Tulpenreichs geschenkt.

Eine universale Würdigung und Feier hat diese schon unabsehbar reiche Welt der ersten acht Wochen des Gartenjahres noch nie erfahren. Dies alles bewegt sich bislang noch in einem Halbdämmer, in den die eigentlichen wachen und wissenden Lebensworte noch nicht hineindrangen.

Welch eine Welt der Vorfreude schon den halben Winter hindurch, und welch eine neue Fülle der Ausschöpfung namenloser Licht- und Wetterstimmungen jener langen, wechselreichen Zeiten, die auch dem Gedächtnis zugute kommen! Alle möglichen Frühaufsteher haben Verwandte mitgebracht, die noch viel früher aufstehen; so gibt's für die Frühlingskrokuszeit mehr als dreißig neue kleine, unverwüstliche Krokusarten und -sorten in unerhörten Färbungen. Aus Zwergkrokuspolstern steigen als zweites Krokusstockwerk hochgestielte Elfenspiele, unwahrscheinlich zart, ein Geisterfrühlingshauch, – aber ganz munter ihr Leben durch zwei volle Wochen ausspinnend: *Crocus tommasinianus* ist der Name, der mehrere edle Farbenvarianten umfaßt.

Elfen-Krokus und Frühjahrs-Alpenveilchen sind passende Geschwister an halbschattigen Standorten.

Die Perl-Hyazinthen, *Muscari armeniacum*, erinnern an die Beetumrandungen in Großmutters Garten.

Wer die lange Krokus- und Primelzeit im Frühling verpaßt, der spürt's nachher, wie er um die innigste Begegnung mit dem Frühling herumgekommen ist. Wer den Gartenvorfrühling nicht ehrt, ist des Gartenfrühlings nicht wert!

Etwas im Ringe des Gartenjahres bleibt »unausgereift«; denn dies große, allerfrüheste Blütenleben der Gärten hat seine »Sendung« im Ringe des Jahresrunds.

Die Schneeglöckchenzeiten sind durch ferngeborene Arten verlängert und haben auch neue Verklärungen ihrer Form erfahren. Die Adonissterne Sibiriens gehen schon sechs Wochen vor unserem Frühlingsadonis auf und sind so lebensstark, daß sie mit ihrem unterirdischen, spargelhaften Sprossengestänge selbst hartgetretenen Boden durchbrechen. Gefüllte Sorten sorgen für Verlängerung des Festes, bis dann die Zeit des heimischen *Adonis* herangekommen ist, der mit den Kuckucksanemonen, *Pulsatilla vulgaris*, zusammen als alteingewachsene Pflanzen Anblicke darbietet, die man der heimischen Frühlingsnatur kaum zutraute. Die Busch-Windröschen, die wir nur in weißer Farbe kannten, haben zartbunte blaue und rosa Farben gewonnen, ohne an Lebensstärke zu verlieren. Gefüllte Formen brauchen längere Zeit, bis sie ihr Farbenkleid angelegt haben, und blühen daher später. Die kleine Ranunkel-Anemone hat sich wunderbar verschönt und in bronzefarbene Blattgewänder begeben. Die Alpenveilchen des Frühlings spinnen ihre Florzeiten und vielfachen Zaubereien sechs Wochen lang aus; man sieht ihnen die Unverwüstlichkeit an. Das Tollste leistet darin das September-Alpenveilchen, *Cyclamen hederifolium*, auch Efeublatt-*Cyclamen* genannt. Wir fanden es bei einem Gartenfreund als zwölfjährige Pflanze an ungünstigem Platz in bester Verfassung. Noch länger spinnen alljährlich die kleinen Muskat-Hyazinthen ihre rührenden Festspiele aus und ergehen sich auch neben gewohnten Farben in weißen und rosa Tönungen, oder sie lassen, und zwar wochenlang früher als gewohnt, einen kleinen, rein azurblauen Vorläufer-*Muscari* vorausgehen, dessen blaue Zuckerhüte reizend aus dem immergrünen, rotbeerigen Geäst einer Teppichfelsenmispel hervorblicken. Pflanze vor allem die drei schönsten blauen Perlhyazinthen, *Muscari azureum, armeniacum* und *aucheri*. Der Muscariflor reicht Art für Art von Februarende bis Juniende.

Immer wieder taucht beim Neuling gegenüber solchen Schilderungen die leise Befürchtung auf, daß es sich um irgendwie schwierige Pfleglinge, die halbwegs kundige Hände verlangen, handeln werde und daß diese Pflanzen häufiger Erneuerung bedürften. Welche Verken-

Das Thema Veilchen kennt viele Variationen,
die Sorte 'Charlotte' blüht sogar noch
ein zweites Mal im Herbst.

nung all der Hingabefreudigkeit, welche die Natur in diese Juwelenwelt gelegt hat! Ein Hamburger Gärtner hatte einst ein beengtes Vorgärtchen ganz in Vorfrühlingsblüten gelegt. Die Leute standen am Gartenzaun, was den Besitzern schon zum gewohnten Anblick wurde. Der Gärtner, dessen Namensschild am Zaun stand, hatte jahrelang diese Pflanzen zu liefern. Wer eine Pflanze zehn Tage früher in Blüte haben will, setzt ihr als Wärmerückhalt und zur Entwicklung von Prallsonne einen kleinen Felsblock auf die Nordseite. Es bereitet schon Genugtuung, zehn Tage eher als andere Leute von einem allerersten, unendlich zarten, kaum erkannten Veilchenduft getroffen zu sein. Um die wahren Veilchenfreuden für immer in seinem Garten zu haben, braucht man drei Kennworte: Augusta-Veilchen, Charlotten-Veilchen, Triumph-Veilchen. Das erste ist das früheste, das zweite leistet sich, falls es die echte Sorte ist, im Herbst einen sehr erheblichen, weithin duftenden Nachflor. Das dritte ist das starklebigste aller Veilchen, gedeiht noch üppig oder ausreichend an sehr ungünstigen Stellen, an denen die anderen sich nur zaghaft hervorwagen und vom Unkraut überrannt werden können, was dem Triumph-Veilchen nie passiert. Seine langgestielten, dunklen Blumen halten sich abgeschnitten viel länger frisch duftend als andere Sorten. Es wird seinen enormen Verbreitungszug durchs Gartenreich der Welt antreten nach der Erfahrung, daß gesteigerte Qualität auch gesteigerte Fernwirkungskraft nach allen Dimensionen darstellt. Die wilde gelbe Kissenprimel ist sein liebster Nachbar.

Überall im Vorfrühlingsgarten gibt es Lange- und Kurzblüher. Wir brauchen beides und wollen uns gern auch einmal bloß zehn bis zwölf Tage vom Vollflor einer Pflanze erhoben wissen.

Jede Pflanze lebt ja nicht nur von der Farbe einer Nachbarblütenpflanze, sondern auch von deren Wesenheit. Manche Pflanzen sind eben wie durch geheime Bande miteinander verknüpft, und man soll all diese Freundschaften nicht auseinanderreißen. Manchmal ist es noch mehr als Freundschaft: im Maiglöckchen und im Fingerhut und in der Herbstzeitlose wohnen unbegreifliche Geheimkräfte, das Wachstum ganz anderer Pflanzen zu steigern, was hier beiläufig erwähnt wird. In der Schweiz, auch an vielen Stellen in Frankreich und England, ist die wilde Kissenprimel, Mutter vieler bunter Schwestern, beheimatet; sie streicht sogar bis in die Wälder vor Wien. In Graubünden kann man mit der Bahn Anfang April oft eine Stunde lang an ihren gelben Teppichen vorbeifahren. Welche Weltwanderschaft steht auch hinter solchen kleinen Pflanzen!

Diese Erlebnisse mit Wildblumen umleuchten seltsam ein ganzes Leben und reichen dann auch bis in die Gartenwinkel. Nirgends duften die Veilchen stärker, blühen reicher als um die Tempelruinen Griechenlands. Veilchendüfte scheinen mythische Geheimnisse zu bergen.

Wo mag der Duft wilder Hyazinthen in ferner Orientwelt umherstreifen? Wer in seinem Garten wochenlang im Vorübergehen von ihrem Wunderhauch getroffen sein will, lege sie in früher- und in späterblühenden Sorten an vollsonnigster Stelle. Nach zehn bis zwanzig Jahren zeigt es sich übrigens, daß ganz bestimmte Sorten in der Blüte üppiger verblieben als die etwas zaghafteren Nachbarblüher. Deswegen ist es gut, vielerlei Sorten zu legen, wobei man in diesem Falle die rötlichen Töne in Nachbarschaft

Unter den Wildtulpen fällt *T. praestans* 'Fuesilier' mit mehreren Blüten am Stiel besonders auf. Ihr kräftiges Rot wird zu einem Blickfang im Garten.

Ein treuer Begleiter warmer Gebüschränder ist die März-Anemone, *Anemone blanda*.

mit weißen von den anderen ein wenig abrückt. Die etwas gemästete Blütenüppigkeit der ersten beiden Jahre gewöhnen sie sich alsbald ab, was natürlich für die »Wildnisgartenkunst« bedeutsam ist, ; diese pflanzt in Horsten und mischt die Farben nicht im kleinen Korn. Im Schatten hört der Flor jedoch schon nach vier oder fünf Jahren auf, ganz wie bei manchen Narzissen, während andere ihn auf die Dauer vertragen.

Die Blumen der Jahreszeit steigern deren Feste auf eine solche Weise, daß sie wie ein Tropfenzusatz zu einer Kristallflüssigkeit wirken, die nun erst ihre Kristalle zu bilden vermag.

Stauden und Blumenzwiebelstauden des Gartenvorfrühlings
Von Ende Februar bis in den Mai hinein, also von Karneval bis Walpurgis und später

Römische Zahlen = Blühmonate

Adonis amurensis, Amur-Adonis, gelb, II–IV
– – 'Pleniflora', gefüllt, grüngelb
– *vernalis*, Adonisröschen, gelb, IV

△
Das heimische Adonisröschen steht unter Schutz. Nur so werden es auch unsere Enkel noch in der freien Natur erleben können.

Ajuga reptans, Günsel, blau, IV–V
– – 'Atropurpurea', purpurlaubig, blau
– – 'Burgundy Glow', buntlaubig, hellblau
– – 'Variegata', weißbuntes Laub, blau
Alyssum saxatile, Steinkraut, hellgelb, IV–V
– – 'Citrinum', schwefelgelb
– – 'Compactum', goldgelb
– – 'Plenum', goldgelb, gefüllt
Androsace carnea ssp. *brigantiaca*, Mannsschild, weiß, IV–V
Anemone apennina, Strahlen-Anemone, himmelblau, IV–V
– – 'Alba', weiß
– – 'Plena', blau, gefüllt
– – 'Purpurea', rotviolett
– *blanda*, März-Anemone, himmelblau, III–IV
– – 'Blue Star', blau
– – 'Pink Star', rosa
– – 'Radar', karminrot

Alyssum saxatile, Arabis und Aubrieta sind Hauptakteure im Frühlingssteingarten. Besonders reizvoll ist der Schwefel-Steinrich, *Alyssum saxatile* 'Citrinum'.
▽

Neue Bornimer Züchtungsarbeit schuf die *Bergenia-*Hybride 'Rosette', deren Blütenfülle aus kräftigen, immergrünen Blattrosetten steigt.

Die früh- und reichblühende Bergenia-Hybride 'Schneekönigin' wünscht einen frostgeschützten Standort; im Abblühen wird sie hellrosa.

– – 'White Splendour', weiß
– *nemorosa*, Busch-Windröschen, weiß, III–IV
– – 'Alba Plena', weiß, gefüllt
– – 'Blue Bonnet', hellblau
– – 'Robinsoniana', hell-lavendel
– – 'Rosea', rosa
– *ranunculoides*, Gold-Windröschen, gelb, IV–V
– – 'Flore Pleno', goldgelb, gefüllt
Arabis caucasica 'Frührot', Alpenkresse, rosarot, III–IV
– – 'Schneelawine', weiß, sehr früh
– *procurrens*, Schaum-Kresse, weiß, IV–V
Aubrieta, Blaukissen, alle IV–V
Aubrieta-Hybride, 'Blue Emperor', blauviolett
– 'Havelberg', rosa, spät
– 'Havelstern', hell-lavendel
– 'Rubinfeuer', rot
– 'Tauricola', blau
Bergenia, Bergenie, alle IV–V
Bergenia-Hybride 'Abendglocken', purpurrot
– 'Baby Doll', zartrosa
– 'Morgenröte', karminrosa
– 'Rosette', dunkelrosa
– 'Schneekönigin', weißrosa
– 'Silberlicht', reinweiß
Brunnera macrophylla, Kaukasus-Vergißmeinnicht, blau, IV–V
Bulbocodium vernum, Frühlings-Lichtblume, purpurrosa, III–IV
Caltha palustris, Sumpfdotterblume, gelb, IV–V
– – 'Multiplex', goldgelbe, gefüllte Form, III–IV
Chionodoxa gigantea, Großer Schneestolz, blauviolett, III–IV

Der Gold-Krokus, *Crocus flavus*, blüht im März. Vier Wochen früher ist schon der gelbe Ankara-Krokus, *Crocus ancyrensis*, wach.

– – 'Alba', weiß
– *luciliae*, Stern-Schneestolz, klarblau, III–IV
– – 'Alba', weiß
– – 'Pink Giant', rosa, großblütig
– *sardensis*, Enzian-Schneestolz, enzianblau, III–IV
Convallaria majalis, Maiglöckchen, weiß, V
Corydalis cava, Hohler Lerchensporn, lilarot, III–IV
– *solida*, Gefingerter Lerchensporn, trübrot, III–IV
– – 'George Baker', lachsrot
Crocus ancyrensis, Ankara-Krokus, orangegelb, I–III
– *angustifolius*, Goldlack-Krokus, sattgoldgelb, II–III

Zur Schneeglöckchenzeit in Blüte, sind die Elfen-Krokusse, *Crocus tommasinianus*, noch viel zu wenig in den Gärten zu finden.

Die Elfenblume, *Epimedium* × *rubrum*, müßte »Wunderblume« heißen, denn dazu gibt sie ständig Anlaß, z. B. mit dem leuchtendroten »Johannistrieb«.

Dicentra spectabilis, die als Tränendes Herz beliebte »uralte« Bauerngartenstaude, stammt aus Japan und kam erst 1816 nach Europa.

– *balansae*, Vorfrühling-Gold-Krokus, tiefgelb, II–III
– *biflorus*, Schottischer Krokus, weiß-lila, II–III
– *chrysanthus*, Balkan-Krokus, mehrere Sorten in vielen Farben, II–III
– *etruscus*, Rosen-Krokus, rötlichgelb, II–III
– *flavus*, Gold-Krokus, goldgelb, III
– *fleischeri*, Streifen-Krokus, weiß, purpurn gestreift, I–III
– *imperati*, Kaiser-Krokus, lila-gelb, I–III
– *korolkowii*, Turkestan-Krokus, goldgelb, III
– *sieberi*, Zwerg-Krokus, lila-blau-gelb, II–III
– *tommasinianus*, Elfen-Krokus, zartlila, I–III
– *versicolor*, Silberlack-Krokus, weiß-violett, III–IV
– *vernus*, Garten-Krokus, viele Sorten, III–IV
Cyclamen coum, Frühjahrs-Alpenveilchen, rosa, rot und weiß, II–III
Darmera peltata, Schildblatt, rosa, IV–V
Dicentra spectabilis, Tränendes Herz, rosa, IV–V
Doronicum orientale, Gemswurz, gelb, IV–V
– – 'Finesse', gelb, feinstrahlig
– – 'Frühlingspracht', gelb, gefüllt
– – 'Magnificum', tiefgelb
– – 'Riedels Lichtspiegel', goldgelb
Draba aizoides, März-Drabe, goldgelb, III–IV
– *bruniifolia*, Kissen-Drabe, gelb, IV
– *sibirica*, Goldschaum-Drabe, goldgelb, IV–V
Epimedium grandiflorum, Große Elfenblume, weiß, IV–V
– *perralderianum*, Gold-Elfenblume, goldgelb, IV–V

Die Schachbrettblume, *Fritillaria meleagris*, liebt frische bis feuchte lehmige Böden im Halbschatten.

Die Schwefel-Fritillaria, *F. pallidiflora*, wächst willig, ist jedoch im Garten nur selten anzutreffen.

– × *rubrum*, Rote Elfenblume, karminrot, IV–V
– × *versicolor* 'Sulphureum', Schwefel-Elfenblume, hellgelb, IV–V
– × *youngianum* 'Niveum', Schnee-Elfenblume, weiß, IV–V
Eranthis cilicica, Zwerg-Winterling, gelb, II–III
– *hyemalis*, Winterling, gelb, I–III
– × *tubergenii*, Riesen-Winterling, goldgelb, III
Erythronium dens-canis, Hundszahn, rosaweiß, IV
– *revolutum*, Rosen-Hundszahn, weiß mit rosa, IV–V
– *tuolumnense* 'Pagoda', Riesen-Hundszahn, gelb, IV–V
Euphorbia polychroma, Gold-Wolfsmilch, grüngolden, IV–V
Fritillaria acmopetala, Libanon-Fritillarie, grünbraun, III–IV
– *aurea*, Goldei-Fritillarie, goldgelb, III–IV
– *camtschatcensis*, Kamtschatka-Fritillarie, dunkelpurpur, IV
– *imperialis*, Kaiserkrone, orange, mehrere Sorten, IV–V
– *meleagris*, Schachbrettblume, purpurrot, mehrere Sorten, IV–V
– *pallidiflora*, Schwefel-Fritillarie, hellgelb, IV–V
– *pyrenaica*, Pyrenäen-Fritillarie, weinrot, IV–V
Galanthus caucasicus, Kaukasus-Schneeglöckchen, weiß, II–III
– *elwesii*, Riesen-Schneeglöckchen, weiß, II–III
– *nivalis*, Kleines Schneeglöckchen, weiß, II–III
– – 'Atkinsii', großblütig
– – 'Hortensis', gefüllt
– *plicatus*, Kugel-Schneeglöckchen, weiß, II–III
Galium odoratum, Waldmeister, weiß, IV–V
Hacquetia epipactis, Goldteller, gelb, III–V
Helleborus argutifolius, Korsische Schneerose, gelblichgrün, III–IV
– *foeditus*, Nieswurz, hellgrün, III–IV
– *niger*, Christrose, weiß, XII–III
– – 'Maximus', großblütig, spät
– – 'Praecox', blüht ab November
– – ssp. *macranthus*, Dreikönig-Schneerose, weiß, I–III
– *odorus*, Duft-Schneerose, gelblichgrün, II–III
– *orientalis*, Orient-Schneerose, weiß bis rot, II–IV
– *purpurascens*, Purpur-Schneerose, purpurrot, II–IV
Hepatica nobilis, Leberblümchen, blau, III–IV
– – 'Alba', weiß
– – 'Plena', blau, gefüllt
– – 'Rosea', rosa
– – 'Rubra', rot
– – 'Rubra Plena', rot, gefüllt
– *transsylvanica*, Siebenbürgener Leberblümchen, blau, II–IV
– – 'Alba', weiß
– – 'Rosea', hellrosa
Hyacinthoides hispanica, Glocken-Szilla, Sorten in den Farben Weiß, Blau, Rosa, IV–V
Hyacinthus orientalis, Garten-Hyazinthe in vielen Farbsorten, IV–V
Iberis saxatilis, März-Schleifenblume, weiß, II–III
– *sempervirens*, Immergrüne Schleifenblume, weiß, IV–V

Das Azurblau des Waldvergißmeinnicht, *Omphalodes verna*, hat unter den Teppichstauden nicht seinesgleichen.

Der Kissen-Phlox, hier die Sorte 'Leuchtstern', gehört zu den unerläßlichen Frühjahrsblühern im Steingarten.

– – 'Findel', weiß, robust
– – 'Schneeflocke', weiß, starkwüchsig
– – 'Zwergschneeflocke', weiß, schwachwüchsig
Iris bakeriana, Euphrat-Iris, blauviolett, II–III
– *bucharica*, Buchara-Iris, cremegelb, IV–V
– *danfordiae*, gelbe März-Iris, III–IV
– *histrio* var. *aintabensis*, Vorfrühlings-Iris, himmelblau, II–III
– *histrioides* 'Major', blaue März-Iris, II–III
– *pumila*, Zwerg-Iris in vielfarbigen Sorten, IV–V
– *reticulata*, Netz-Iris, violettblau, II–III
– – 'Cantab', hellblau
– – 'Herkules', dunkelviolett
– Reticulata-Hybride 'Harmony', himmelblau
– 'J. S. Dijt', rötlichpurpur
– 'Royal Blue', dunkelblau
– 'Springtime', violett
Lathyrus vernus, Frühlings-Platterbse, rötlichblau, IV–V
– – 'Alboroseus', weiß-rosa
Leucojum vernum, Märzbecher, weiß, III–IV
Mertensia virginica, Virginisches Lungenkraut, himmelblau, IV–V
Muscari armeniacum, Armenische Perlhyazinthe, kobaltblau, III–IV
– – 'Blue Spike, zartblau, gefüllt
– *azureum*, Azur-Perlhyazinthe, hellazurblau III–IV
– – 'Album', reinweiß
– *botryoides*, Trauben-Perlhyazinthe, blau III–IV
– *neglectum*, Weinberg-Perlhyazinthe, dunkelblau, III–IV
Narcissus asturiensis, Zwerg-Narzisse, zartgelb, III–IV
– *bulbocodium*, Reifrock-Narzisse, gelb, IV–V
– *cyclamineus*, Alpenveilchen-Narzisse, reingelb, II–III
– *poeticus*, Dichter-Narzisse, weiß, duftend, IV–V

Ballprimel, *Primula denticulata*, gibt es mittlerweile in vielen Farben. Wer Geduld hat, findet bald einen bunten Sämlingsnachwuchs im Garten.

– *pseudonarcissus*, Trompeten-Narzisse, hellgelb, III–IV
– *triandrus*, Engelstränen-Narzisse, cremeweiß, IV
Omphalodes verna, Gedenkemein, Waldvergißmeinnicht, azurblau, IV–V
– – 'Alba', weiß
Ornithogalum balansae, Frühlings-Milchstern, weiß, III–IV
– *nutans*, Nickender Milchstern, grün-weiß, IV–V
Phlox douglasii, Kissen-Phlox, weiß, rosa, rot, IV–V
– *subulata*, Teppich-Phlox, weiß, rosa, rot, IV–V
Plagiorhegma dubium, Herzblattschale, hell-lilablau, IV–V

Der »Auferstehungsakt« der Kuhschelle, *Pulsatilla vulgaris*, wiederholt sich jährlich in der warmen Aprilsonne.

Potentilla neumanniana, Frühlings-Fingerkraut, gelb, IV–V
Primula auricula, Alpen-Aurikel, gelb, IV–V
– *denticulata*, Ball-Primel, hell-lila III–IV
– – 'Alba', weiß
– – 'Rubin', rubinrot
– *elatior*, Himmelschlüssel, hellgelb, III–IV
– Elatior-Hybriden in vielen Farben
– *juliae*, Kaukasische Kissen-Primel, lilarot, III–IV
– Juliae-Hybriden, in vielen Farben
– *marginata*, Silberring-Aurikel, hell-lila, III–IV
– *rosea*, Rosen-Primel, rosarot, III–IV
– *sieboldii*, Siebolds Primel, rosa V–VI
– *veris*, Schlüsselblume, dottergelb, IV–V
– *vulgaris*, Kissen-Primel, in vielen Farbsorten, II–V
– – ssp. *sibthorpii*, Karneval-Primel, purpurrosa, II–III
Pulmonaria angustifolia 'Alba', Schnee-Lungenkraut, weiß, III–IV
– – 'Azurea', Enzian-Lungenkraut
– *rubra*, Korallen-Lungenkraut, korallenrot, II–IV
– *saccharata*, Silberblatt-Lungenkraut, violett-rot, III–IV
– – 'Pink Dawn', rosa
Pulsatilla vulgaris, Kuhschelle, violett, rosa, rot und weiß, III–IV

Die braun gestreiften Blätter der Tulipa-Fosteriana-Hybriden sind eine reizende Zugabe zu den kräftigen Blütenfarben.

Puschkinia scilloides, Apollo-Hyazinthe, hellblau, III–IV
– – 'Alba', weiß
Sanguinaria canadensis, Blutwurz, weiß, IV–V
– – 'Multiplex', weiß, gefüllt
Saxifraga arco-valleyi, Zwerg-Steinbrech, lilaweiß, IV–V
– × *apiculata*, Elfenbein-Steinbrech, hellgelb, III–IV
– Arendsii-Hybriden, Moos-Steinbrech, in vielen Farben, IV–V
– *burseriana*, Ostalpen-Steinbrech, weiß, III–IV
– *ferdinandi-coburgi*, Pirin-Steinbrech, goldgelb, IV–V
– *grisebachii*, Mazedonien-Steinbrech, tiefrot, IV
– × *irvingii*, Rotkugel-Steinbrech, silberrosa, III
– × *kellereri*, Rosenkugel-Steinbrech, pfirsichrosa, I–III
– *oppositifolia* var. *latina*, Kriech-Steinbrech, rot, IV
Scilla amoena, Byzantinischer Blaustern, tiefblau, IV–V
– *bifolia*, Zweiblatt-Szilla, enzianblau, III–IV
– *mischtschenkoana*, Streifen-Szilla, wasserblau, II–III
– *siberica*, Blaustern, azurblau, III–IV
– – 'Alba', weiß
– – 'Spring Beauty', dunkelblau
Soldanella carpatica, Karpaten-Troddelblume, violett, IV–V
– *hungarica* ssp. *major*, Balkan-Troddelblume, lilablau, IV–V
Synthyris stellata, Frühlingsschelle, violettblau, III–IV
Tiarella cordifolia, Ranken-Schaumkerze, cremeweiß, IV–V
Tulipa batalinii, Buchara-Tulpe, gelb, IV–V
– *biflora*, Milchstern-Tulpe, weiß mit gelb, IV
– *clusiana*, Stern-Tulpe, weiß-violett, IV
– *fosteriana*, Scharlach-Tulpe, scharlachrot, IV
– Fosteriana-Hybriden, in vielen Farben
– *greigii*, Tiger-Tulpe, orangescharlach, IV–V
– Greigii-Hybriden, in vielen Sorten
– *kaufmanniana*, März-Tulpe, hellgelb mit rot, III–IV
– Kaufmanniana-Hybriden, in vielen Farben
– *linifolia*, Schmalblatt-Tulpe, rot, IV–V
– *praecox*, Balkan-Tulpe, zinnoberrot, III–IV
– *praestans*, Pamir-Tulpe, orangerot, IV
– – 'Füsilier', hellscharlachrot
– *pulchella*, Purpur-Tulpe, purpurlila, III
– *sylvestris*, Weinberg-Tulpe, gelb, IV–V
– *tarda*, Goldstern-Tulpe, weiß-gelb, IV
– *turkestanica*, Turkestan-Tulpe, weiß-gelb, IV
Uvularia grandiflora, Trauerglocke, zitronengelb, IV–V
Viola odorata, Duft-Veilchen, veilchenblau, III–IV
– – 'Albiflora', reinweiß
– – 'Königin Charlotte', hellviolettblau
– – 'Rubra', purpurrot
– – 'Sulphurea', aprikosengelb
– – 'Triumph', violettblau
Waldsteinia geoides, Golderdbeere, gelb, IV–V
– *ternata*, Teppich-Golderdbeere, goldgelb, IV–V

Die Goldstern-Tulpe, *Tulipa tarda*, von den Geröllhängen des Tienschan ist so recht für den Steingarten erdacht.

Stern-Magnolien, *Magnolia stellata*, können uralt werden, überschreiten aber nur selten die Ausmaße eines mittelgroßen Strauches.

Vorfrühlings-Blütensträucher
März bis Mai

Römische Zahlen = Blühmonate

Abeliophyllum distichum, Duftglöckchen, weißrosa, 1,5 m, III–IV
Choenomeles japonica, Japanische Quitte, ziegelrot, 1 m, III–IV
– Hybriden, rosa bis rot,
– *speciosa*, Scheinquitte, scharlachrot, 2 m, III–IV
Cornus mas, Kornelkirsche, gelb, 4 m, III–IV
Caryopteris pauciflora, Scheinhasel, zartgelb, 1,5 m, III–IV
Corylus avellana, Haselnuß, hellgelb, 6 m, II–III
– – 'Contorta', Korkenzieher-Hasel
– – 'Pendula', Hänge-Hasel
Cytisus × praecox, Elfenbein-Ginster IV–V
Daphne mezereum, Seidelbast, rosarot, 1,5 m, III–IV
– – 'Alba', weiß
Forsythia × intermedia, Goldglöckchen, goldgelb, 3 m, IV–V
– – 'Beatrix Farrand', goldgelb
– – 'Lynwood', dottergelb

Wir können kaum glauben, daß diese filigranen Zaubernußblüten, zusammengerollt zu kleinen, gelben Klümpchen, – 10 °C aushalten sollen, aber sie tun es.

– – 'Spectabilis', dunkelgelb
– *ovata*, Korea-Forsythie, blaßgelb, 2 m, IV–V
– – 'Tetragold', tiefgelb
Hamamelis japonica, Japanische Zaubernuß, tiefgelb, 3 m, I–III
– – var. *zuccariniana*, hellgelb
– *mollis*, Lichtmeß-Zaubernuß, goldgelb, 5 m, I–II
– – 'Brevipetala', orangegelb
– – 'Feuerzauber', rot
Jasminum nudiflorum, Winter-Jasmin, gelb, 3 m, XII–III
Lonicera × *purpusii*, Duft-Heckenkirsche, rahmweiß, 2 m, I–III
Magnolia denundata, Lilien-Magnolie, weiß, 5 m, III–V
– *kobus*, Kobus-Magnolie, weiß, 8 m, IV–V
– × *soulangeana*, Pracht-Magnolie, weiß-rosa, 6 m, IV–V
– Soulangeana-Hybriden, rosa bis rot
– *stellata*, Stern-Magnolie, weiß, 3 m, III–IV
Pieris floribunda, Lavendelheide, weiß, 2 m, IV–V
– *japonica*, Japanische Lavendelheide, weiß, 3 m, III–V
Prunus cerasifera, Kirsch-Pflaume, weißrosa, 8 m, IV
– – 'Woodii', rosa

– *davidiana*, Vorläufer-Mandel, hellrosa, 6 m, III–IV
– *glandulosa* 'Alboplena', Strauch-Kirsche, weiß, gefüllt, 1,5 m, IV–V
– *kurilensis* 'Brillant', Kurilen-Kirsche, hellrosa, 2 m, III–IV
– *persica* 'Klara Meyer', Rosenpfirsich, rosa, gefüllt, 4 m, IV
– *subhirtella*, Schnee-Kirsche, hellrosa, 4 m, III–IV
– – 'Autumnalis', weiß, ab November blühend
– – 'Pendula', weißlichrosa, hängend
– *tenella*, Zwerg-Mandel, tiefrosa, 1 m, IV
– *triloba* 'Plena', Mandelbäumchen, rosa, gefüllt, 2 m, III–IV
Rhododendron dauricum, Dahurischer Rhododendron, purpurrosa, 1,5 m, II–III
– *kaempferi*, Fackel-Azalee, orangerot, 1,5 m, IV–V
– *mucronulatum*, Karneval-Rhododendron, purpurrosa, 1 m, II–III
– × *praecox*, März-Rhododendron, karminrosa, 1 m, III–IV
– *vaseyi*, Carolina-Azalee, zartrosa, 2 m, IV
– *yedoense*, Yodogawa-Azalee, violettrosa, 1 m, IV–V
Ribes sanguineum 'Atrorubens', Blut-Johannisbeere, dunkelrot, 2 m, IV–V
Salix caprea, Sal-Weide, gelb, 6 m II–III
– *hastata* 'Wehrhahnii', Zwergbusch-Weide, gelb, 1,5 m, III–IV
– *purpurea*, Purpur-Weide, purpurrot, 4 m, III–IV
– × *smithiana*, Silber-Weide, silbriggelb, 6 m, III–IV
Spiraea × *arguta*, Schnee-Spierstrauch, weiß, 2 m, IV–V

Das Vorfrühlings-Rhododendron, *Rh. dauricum*, verlangt nach Unterpflanzung mit Schneeglöckchen, Krokus, Primeln und Szilla.

Viburnum × *bodnantense*, Vorfrühlings-Schneeball, rosa, 2 m, II–III
– × *burkwoodii*, April-Schneeball, rosa-weiß, 2 m, IV–V
– × *carlcephalum*, Duft-Schneeball, weiß, 2 m, IV
– *carlesii*, Korea-Schneeball, hellrosa, 1,5 m, IV–V
– *farreri*, Winter-Schneeball, weiß, 3 m, XI–III

Frühgrünende Gehölze
März bis Mitte April

Actinidia arguta, Strahlengriffel, bis 8 m windend
Akebia quinata, Akebie, bis 10 m windend
Berberis thunbergii, Zwerg-Berberitze, 1,5 m
Caragana arborescens, Erbsenstrauch, 5 m
Cotoneaster multiflorus, Dolden-Felsenmispel, 3 m
Elaeagnus multiflora, Ölweide, 3 m
Exochorda racemosa, Perlstrauch, 3 m
Hydrangea anomala ssp. *petiolaris*, Kletter-Hortensie, 8 m kletternd
Lonicera caprifolium, Jelängerjelieber, bis 5 m windend
– – 'Praecox', Vorläufer-Geißblatt
– × *heckrottii*, Rotes Geißblatt, bis 4 m windend
– *tatarica*, Tatarische Heckenkirsche, 3 m
– × *tellmanniana*, Gelbes Geißblatt, bis 5 m windend
Malus baccata var. *mandshurica*, Beeren-Apfel, 5 m
Paeonia suffruticosa, Strauch-Paeonie, 1,5 m
Ribes alpinum, Alpen-Johannisbeere, 2 m
– *aureum*, Gold-Johannisbeere, 2 m
– *orientale*, Duft-Johannisbeere, 2 m
– *uva-crispa*, Stachelbeere, 1 m
Sambucus nigra, Schwarzer Holunder, 6 m
– *racemosa*, Hirsch-Holunder, 4 m
Sorbaria sorbifolia, Fiederspiere, 2 m
Spiraea × *arguta*, Schnee-Spierstrauch, 2 m
Syringa vulgaris, Flieder, 4 m
Viburnum farreri, Winter-Schneeball, 3 m

Auffallend austreibende und frühgrünende Stauden
März bis Mitte April

Von Grün abweichende Austriebsfarben sind angegeben.

Adonis amurensis, Amur-Adonis, bronzefarben
Anemone nemorosa, Busch-Windröschen
Aruncus dioicus, Wald-Geißbart, bronzefarben
Astilbe-Arendsii-Hybriden, Astilben, rötlich bis braun

Brunnera macrophylla, Kaukasus-Vergißmeinnicht
Cimicifuga simplex, Oktober-Silberkerze
Corydalis lutea, Gelber Lerchensporn
– *nobilis*, Pracht-Lerchensporn
Delphinium-Hybriden, Rittersporne
Doronicum orientale, Gemswurz
Epimedium in Arten und Sorten, Elfenblume
Euphorbia polychroma, Gold-Wolfsmilch, bronzefarben
Fritillaria imperialis, Kaiserkrone
Filipendula vulgaris 'Plena', Scheinspiere
Geranium wlassovianum, Taiga-Storchschnabel, gelblichrosa
Hemerocallis-Hybriden, Taglilien, einige gelbgrün
Heracleum lanatum, Herkulesstaude
Iris sibirica, Wiesen-Iris
Lupinus-Polyphyllus-Hybriden, Stauden-Lupinen, einige rötlich bis bronzefarben
Omphalodes verna, Wald-Vergißmeinnicht
Paeonia officinalis, Bauern-Pfingstrose, lackrot
Paeonia-Lactiflora-Hybriden, Chinesische Pfingstrosen, rot bis rotbraun
Papaver orientale, Türken-Mohn
Pulmonaria rubra, Rotes Lungenkraut
Uvularia grandiflora, Trauerglocke
Vinca minor, Immergrün
Viola odorata, Duft-Veilchen
Waldsteinia geoides, Golderdbeere

Wie ein altes Volkslied wirkt das Buschwindröschen und ist doch so selten in den Gärten anzutreffen.

Frühgrünende und frühblühende Gräser, Seggen und Simsen
März bis Mitte April

frgr. = frühgrünend, frbl. = frühblühend

Arrhenatherum elatius ssp. *bulbosum* 'Variegatum', weißbunter Knollen-Glatthafer, frgr.
Calamagrostis × *acutiflora* 'Karl Foerster', Garten-Sandrohr, frgr.
Carex fraseri, Schnee-Segge, frbl.
– *grayi*, Morgenstern-Segge, frgr.
– *montana*, Berg-Segge, frbl.
– *morrowii* 'Variegata', weißbunte Japan-Segge, frbl.
– *umbrosa*, Schatten-Segge, frgr.
Deschampsia cespitosa, Rasen-Schmiele, frgr.
Glyceria maxima 'Variegata', bunter Wasserschwaden, frgr.
Luzula pilosa, Zwerg-Marbel, frgr.
Melica nutans, Nickendes Perlgras, frgr.
Sesleria heuffeliana, Grünes Kopfgras, frbl.
– *albicans*, Blaues Kopfgras, frgr.

Frühling
Mai

Schleifenblume und Polsterphlox, hier die leuchtendrote Sorte 'Temiscaming' können über ein Jahrzehnt beisammen stehen, ohne sich zu stören.

Der so beliebte Wonnemonat besaß in früheren Zeiten, die noch gar nicht so lange her sind, recht ärmliche Gärten, denen Dichter und Nachtigallen gewissermaßen Vorschußlorbeeren spendeten. Es ist nun so weit, daß sich die Nachtigall mit ihrem zauberhaften Gesange die ihr entsprechende Umgebung ersungen hat, so daß der Hall ihres Gesanges in der großen Frühlingsgartenschönheit jetzt die rechte Resonanz findet. Ein paar edle neue Fliedersorten in üppig blühenden Hochstämmen, ein Saum der tollen Schwertliliensorten unserer Tage, eine Gruppe einiger Schmuckkirschen und Schmuckäpfel oder die Horste der schönsten modernen späten Tulpen- und Narzissensorten genügen bereits, uns fast das Gefühl zu geben, einen Garten von morgen und nicht von heute um uns zu haben!

Wer aber vor den schon längst vorhandenen, jetzt aber erst langsam ihrer Verbreitung zugeführten Strauch-Päonien steht und in die riesenhaften und sehr geheimnisvollen Blütengesichter dieser Pflanze blickt, deren Blütengröße an Victoria-regia-Maße mahnt, der glaubt, vor Wundern einer ferneren Gartenzukunft zu stehen. Aber wie genügsam nehmen auch sie mit dem Boden vorlieb, und wie unscheinbar ist das Nachtigallennest im Bodengesträuch!

Der Mai kann uns durch Schönheitswechsel und Gartenfülle zum längsten aller Monate werden. Auch hier rüstet uns die neue Qualitätswelt des Gartens an Sträuchern, Stauden, Kleinstauden und Blumenzwiebelstauden mit neuen Organen, um die Verwandlungen, Geheimnisse und Strahlungen dieser Jahreszeit zu erfassen. Je

Die Strauch-Päonien erinnern so an Fernost,
daß Steinlaterne und Nelkenkirsche
fast zwangsläufig dazugehören.

höher die Blütenschönheit, desto atmosphärischer wird sie, desto inniger und erstaunlicher mit den Tages- und Monatsstimmungen der großen Welt verbunden und verbündet bis hinein in Stufungen von Vorgängen, die uns ohne diese Blumenmittlerschaft kaum fühlbar werden und uns auch mit neuer Gedächtniskraft rüsten.

Der faustische Ausruf »Wo faß' ich dich, unendliche Natur!« erfährt eine Teilantwort und eine oft wundersame Befriedigung durch den Hinweis auf edle, neue Blumen. Welch ein unendliches Maß von Nüchternheit und Wachheit bei aller künstlerischen Gestaltungskraft mußte am Werk gewesen sein, um auch die Maiengartenschönheit zu ihren wahren Höhen hinaufzutragen! Diese wachsame Nüchternheit, welche uns an alle Gipfelreiche berauschender Schönheit und Freude heranführt, besteht unter anderem auch im rechten Wissen um den Blütenkalender, der ja die schönsten Benachbarungen und Verbindungen von Strauch, Staude, Blumenzwiebel und Rankgewächs sichert.

Der Blühbeginn der Mai-Rose, *Rosa hugonis*, läßt nicht ahnen, welche Blütenfülle sich aus den Knospen noch entwickelt.

Die Vorläufer-Clematis, *C. montana* 'Rubens' entwikkelt ihre Blütenkaskaden mitunter aus vier Meter Höhe.

Setze an eine dürre Böschung die herrliche gelbe Mairose, *Rosa hugonis*, und die wuchernden Feuerdickichte des »Olympia«-Mohns darunter, vielleicht noch ein paar blaugrüne Blaustrahlgräser in den Vordergrund. Dieser Mohn blüht fünfzehn Tage vor dem eigentlichen Riesen-Mohn und ist der einzige kräftige Umherwucherer unter allen. Man ist froh, diese Kostbarkeit nie wieder loszuwerden! Die genannte gelbe chinesische Frühlingsrose, die drei Meter hohe und drei Meter breite Büsche auch an trokkenster Stelle bildet und auch im Alter von zwanzig Jahren immer noch weiterwächst, gehört zu den völlig neuen Geschenken. Man präge sich dies edle Rosenwunder des frühen Mai und seinen frühen Mohntrabanten ein!

Die ungeduldige Erwartung der Rosenzeit hat den langen Maiwochen schon eine Anzahl der schönsten Frühlingsrosen entrungen, die so gewaltig in ihrem Wachstum sind, daß man mit ihnen auch eine Frühlingsrosen-Pergola bepflanzen könnte, wobei noch erfreulicherweise zu bedenken ist, daß sie alle winterhart bis in die letzten Spitzen sind. Ihnen kann man auch die wunderbar leise duftende Vorläufer-Clematis, *Clematis montana 'Rubens'*, und das weithin dufteversendende Vorläufer-Geißblatt, *Lonicera caprifolium 'Praecox'*, zugesellen. Das wird dann eine Frühlingspergola. Man lasse seine Phantasie ein wenig spielen bei der Errichtung von Pergolen, arbeite auch, wenn nötig, mit ganz primitivem Holzmaterial, erhebe hierbei vielleicht mal eine Dreimeterstrecke um einen Meter über die sonstige Höhe, damit auch eine Glyzine, die ja, gleichfalls wundervoll duftend, mit der frühen Himalaya-Clematis zugleich blüht, sich austoben kann. Wer den Rat befolgt, die Pergola über einem Hohlweg zu errichten, gewinnt durch eine einfache, flache Terrassierung der Hohlwegböschung schöne Plätze für den Frühlingsflor der Kleinstauden. Es entsteht ein leichter Halbschatten, wie ihn die Primeln und Farne lieben.

Erlöse die Gartenblume auf alle Weise von der Sklaverei der Fläche und der gleichen Ebene! Wenn dich alte Formen der Stein- und Ufergärten ärgern, dann denke dir neue aus. Sorge für das Wechselspiel der Prachtgartenbeete und der stillen Naturgartenpartien, bevorzuge überall zunächst die reichsten und buntesten »Stimmungsmacher« unter den großen und kleinen Gewächsen, die »Poetischen Vollnaturen«, welche die Jahreszeit recht ausschöpfen; zahme und zimperliche Pflanzen in verworrenen und kniffligen Farben tun das nicht.

Der Narzissenflor, an dessen vieltausend Sorten neben der Gärtnerschaft unzählige Gartenfreunde aufbauend beteiligt sind, begleitet den

Hyacinthoides hispanica 'Dainty Maid' ist der korrekte Name, hinter dem die Gärtner den Charme und die Gartenwilligkeit der Glocken-Szilla verstecken.

Tulpenflor weit durch die Maienzeit und hält für den Menschen von heut und morgen auch wie jener elementare Überraschungen bereit. Das Wesen einer Qualitätssteigerung besteht in sehr merkwürdigen Dingen. Sie bewegt sich immer in einer irgendwie unerwarteten Richtung, von der schwer Kunde zu geben ist, auch selbst dann, wenn die Qualität der Bildübermittlung sehr hoch steht. Sodann geht die Hochqualität wundersame Verbindungen mit anderen Dingen und mit dem Lichte ein, an deren Möglichkeit wir früher auch nicht dachten. Erhöhte Qualität bedeutet erhöhte Fernwirkungskraft in Raum und Zeit. Die neuesten Narzissen bewegen sich in rosa Tönen oder stellen weiße und elfenbeinerne Varianten der gelben Trompeten-Narzissen dar, aber wie mit kunstvollen Hämmern aus edelstem Stoff geschmiedet, überraschend starklebig und von neuer malerischer Freiheit und Größe. In Düften und wundersamen Wesensarten der Narzisse webt ein Südseegeheimnis. Sie sind wie vom versunkenen Erdteil Atlantis, tun aber eifrig wie je in Gärten aller Erdteile mit. Es wird hohe Zeit, daß wir uns von diesem Reichtum nicht bloß staunend imponieren lassen, sondern ihn mit den einfachsten Mitteln durch Dauererprobungsgärten uns zu Füßen halten, um gründlich Spreu vom Weizen zu sondern. Ein Viertelhektar dürfte genügen, um den ganzen Reichtum des Blumenzwiebelreichs bis in die neuesten Sorten in ausreichender Anzahl aufzupflanzen, so daß wir nach zehn Jahren genau wissen: was hat sich blütenreich erhalten, was hat nur ein paar Jahre geblüht und bildete dann bloß grüne Schöpfe, was versagt im Halbschatten nach drei bis vier Jahren, was blüht nach zwölf Jahren im Sonnenbeet noch üppig.

Im Kleinstaudenreich des Monats Mai sind die Herrscher neben dem Primelreich, das noch kein Kenner auskennt, alle Teppichphloxe in Lila, Weiß und warmem Rosa, die dunkelblauen, gelben und weißen Zwerg-Schwertlilien und die vielfarbenen Aubrietien. Überall wählt man bei diesen, ebenso wie im Reich der *Arabis*, die ordnunghaltenden, straff und fest gebauten, frohwüchsigen Rassen. Wer die *Aubrieta* 'Blue Emperor', 'Neuling', 'Lobelia', 'Schloß Eckberg', 'Dr. Mules', 'Rubinkissen' sowie 'Tauricola' nicht als alte Pflanzen sah, der wird diese Staude unterschätzen. Gewöhnliche *Arabis* machen mehr Unordnung als Freude, aber die *A.* × *arendsii* 'Rosabella' und die gefüllt blühenden

Unter den Neuzüchtungen des Blaukissens tauchen immer wieder gefüllte Sorten auf, hier die rosablühende 'Havelberg'.

mit ihrem langen Flor sowie die edle Sorte 'Superb' bleiben Gegenstand reinster Freude. Die Schaumkresse, *Arabis procurrens*, schäumt um so schöner, je älter die Pflanzen werden.

Jetzt währt im Steingarten umd im Kleinstaudenbeet noch die Zeit der Elfenblume, des *Epimediums*, und der enzianblauen Lungenblume, *Pulmonaria angustifolia* 'Azurea', die beide aus dem April herüberblühen. Die schönsten Epimedien sind Geschenke Ostasiens. Wenn man all diese Frühlingsgeschmeide, sei's auch nur in wenigen Exemplaren, auf mäßig großen Räumen in seinem Garten gewohnt ist und sich ihrer Beständigkeit freute, plötzlich aber aus irgendeinem Grunde im Frühling ohne sie auskommen sollte, dann spürt man ganz, wie sehr sich all diese schenkfreudigen kleinen Heldengestalten mit unserem Lebensgefühl verschmolzen haben und nun durch ihre Abwesenheit hieran wunderlich erinnern. Die aufbauenden »seelischen Vitaminkräfte«, von denen wir schon zu reden hatten, sind von tiefster Mannigfaltigkeit ihrer Sendung. Die »Mangelkrankheiten« haben ja gleichfalls vielartige Gestalt, die oft falsch gedeutet wird.

Aus dem Reich der Primeln, deren Hauptblühmonat der Mai ist, soll hier noch einiges berichtet werden, was uns mit diesem wundersamen Frühlingspflanzenreich in wachsende Fühlung versetzt. Wer die schönen, großblütigen Straußprimeln, *Primula elatior* 'Pacific Hybriden', in den Farben Weiß, Goldgelb, Rosa und Dunkelrot pflanzt und drei bis vier Jahre lang größte Freude an diesem heitersatten Farbenspiel und seinen weithin wandernden Düften hat, bemerkt im Lauf der weiteren Jahre ein Nachlassen vieler altgewordener Pflanzen an Blütenreichtum, wogegen manche Pflanzenexemplare noch in reichem Flor verblieben sind. Es ist dann wichtig, diese altgewordenen Pflanzen nach der Samenreife im Juli ein wenig aufzuteilen und in verbesserten Boden zurückzupflanzen. Die nachhaltigen Reichblüher sollte man an besonderer Stelle sammeln und vermehren und auch ihre Saat gesondert behandeln. Das sieht alles nach allerlei Umständen und Mühseligkeiten aus, doch ist diese Arbeit schließlich gering im Vergleich zur Freude an dem reichen Weitergedeihen gerade dieses Primelflors. Wir entsinnen uns, in alten, unverpflanzten und etwas blühfaul gewordenen Primelquartieren der Obstzüchter immer vereinzelte Pflanzen von treuem Reichflor bemerkt zu haben, die man schon längst hätte auswerten sollen.

Noch viel gutmütiger und aushaltender in ihrem Reichflor sind die sogenannten Pruhoniciana-Hybriden aus *Primula veris* und *Primula juliae*. Wir hatten Bestände jener kaukasischen

Eine langlebige und robuste Primelgruppe sind die Kissenprimel, P.-Pruhoniciana-Hybriden, zu denen auch 'Gartenglück' gehört.

Die Urform vieler Garten-Himmelschlüssel ist *Primula elatior*, deren weiches Gelb man im Garten nicht missen möchte.

Primula juliae in jahrelangem Vergleich mit den *Pruhoniciana*-Primeln, wobei es sich nach fünf Jahren herausstellte, daß diese, zum Beispiel in der Sorte 'Ostergruß', noch in sammetroten Blütendecken stand, während *Pr. juliae* nur noch mit grünen Blattpolstern atmete. Beiläufig sei erwähnt, obgleich dies doch mehr die eigentlichen April-Primeln betrifft, daß aus der herrlichen *Primula rosea* 'Grandiflora' mit ihrem unvergleichlichen Jubelruf von Farbe eine neue, starkwüchsigere, höhergestielte und großblumigere Rasse gezüchtet ist, wodurch der einzigartige Reiz dieses Frühlingsschatzes noch weiter gesteigert wird.

Maiglöckchen, Primeln, Farne, Waldanemonen und Elfenblumen gehören alle zusammen. Der Pflanzer denkt wohl selten beim Setzen der Maiglöckchenkeime oder beim Einatmen ihres himmlischen Duftes daran, daß ihre Standfestigkeit mit Jahrzehnten spielt!

Diese stillen und intimen Pflanzen haben oft noch in anderem Sinne als die größeren Prachtgewächse die Eigenheit, uns als Lieblingspflanzen geliebter Menschen ans Herz zu wachsen und diesen Hauch weit über das Leben hinzutragen.

Es ist fabelhaft, welche großen Zeiträume so manche Pflanze unseres Gartens, am alten Platz blühend und duftend, überlebt. Mit unserem

Älterwerden scheinen uns alle neuen Pflanzenbeziehungen immer verjüngter zu werden. Man weiß oft nicht recht, wie das alles in unserem Innern Platz findet, und zwar immer besseren Platz! Wir wittern in diesen edlen, wenig bekannten und doch so lebensstarken Dingen ihren kommenden Weltweg in eine große Volkstümlichkeit hinein, auch wenn jetzt nur selten jemand wirklich weiß, was die Moos-Veronika, die Büschel-Veronika, die Karthäusernelke und die Vorläufernelke, genannt *Dianthus gratianopolitanus* 'Compactus Eydangeri' wirklich bedeuten! Oder weißt du etwa, daß die Karthäusernelke fast fünf Monate lang blüht und die Vorläufernelke, die so schön duftet, sich selbst überlassen, nach ein paar Jahren schon eine Rasenpolsterfläche von fast einem halben Quadratmeter bildet? Oder weißt du, daß der Maiapfel eine ungeschlachte Anemonenblüte auf der spitzen Regenschirmform seines tragenden Blattgerüstes balanciert und später in seinem überstarken Blattwerk rote Äpfel birgt?

Eine bunte Gruppe hat sich an der Trockenmauer eingefunden, Pfingst-Nelke, Polster-Glocke, Blau-Schwingel und rostbraunes Schleier-Sedum. Den Hintergrund bilden Akelei und Phlox.

Das Kaukasus-Vergißmeinnicht tropft sein zartes Blau über sechs Wochen in schattige Gartenwinkel.

Als erste kräftige Farbe am Uferrand bringen sich die Sumpfdotterblumen, *Caltha palustris*, jährlich neu in Erinnerung.

Der Anfänger mag sich damit trösten, daß auch der Kenner dieser Kleinstaudenwelt des Mai ständig vor neuen Überraschungen steht!

Im Heidegarten sind jetzt Elfenbein-Ginster, roter Hollandia-Ginster und Goldkugel-Ginster neben dem Rosenginster die Herrscher zwischen Wacholder und immer noch nachblühenden Märzheidekräutern. Und wenn's kein Heidegarten ist, dann dürfen jene Ginster dennoch nicht fehlen, die ja zu den Glanzgestalten des Monats gehören.

Der Mai ist großer Rhododendron-Monat.

Die Rhododendron-Gesellschaft in Bremen, gestützt auf den dortigen Rhododendron-Park, hat es sich besonders angelegen sein lassen, die auch in rauheren Gegenden und ärmeren Böden durchaus zu vollem und dauerhaftem Gedeihen gelangenden Arten und Sorten herauszuarbeiten und die Listen all der frühen und späten, kleinen und großen Rhododendron aufzustellen, welche das Zeug zur wahren Gartenverbreitung haben.

Was blüht nun im Mai am Ufergärtchen der Wasserbecken, an Bachrändern und geeigneten Randplätzen von Teichen und Weihern? In der ersten Monatshälfte, in welche die Herrschaft der großen Schwertlilien noch nicht reicht, brauchen wir das Vorspiel der kleinen Schwertlilien in Gelb, Phosphorblau, Weiß und Dunkelblau. Um diese Zeit spielt die Brunnera, das Kaukasusvergißmeinnicht, eine schöne blaue Ergänzungsrolle zu den Zwerg-Schwertlilien und vor allem auch zu goldgelben Sumpfdotterblumen in ihren Gartenformen. An natürlichen Uferrändern verwendet man weniger die Gartenformen als die wilden und die hochwachsenden kaukasischen, also die *Caltha polypetala*.

Das größte Gartenereignis des Frühlings und ersten Frühsommers ist der märchenhafte Aufstieg der Iris germanica, also der hohen Schwertlilie, welche die meisten Zeitgenossen (die ihre Zeit oft nicht »genossen«) nur aus den kleinen gelbweißen oder müdeblauen Bahnwärtergärtchen kennen.

▷

Der Elfenbeinginster, *Cytisus × praecox*, gibt im Mai den Ton im Heidegarten an. Neuerdings hat er auch dunkelgelbe und rote Geschwister bekommen.

Aus dem Bornimer Sortiment stammt die Iris-Sorte 'Antje', ein gefälliger Beitrag zu den braun-roten Variegata-Sorten.

Es sind grandiose, oft bis brusthohe Blütenstauden geworden, vor denen man von einer wahrhaft heiligen Schönheit reden kann.

Hunderte von Sorten waren hier in den Beobachtungswochen der letzten beiden Jahre oft von Regenstürmen und Kälte begleitet und setzten uns in Stand, die absolute Wetterfestigkeit vieler Sorten zu erkennen. Auch hiermit zusammenhängender früher oder später Flor, niedriger oder hoher Wuchs sind natürlich bedeutsam für die Nachbarschaftsfragen bei der Pflanzung.

Immer wieder hat uns in mäßig großen Gartenräumen das Gesetz daran zu erinnern, daß der Rhythmus aus wenig viel macht. Man wird doch überwiegend davon abkommen angeblich aus Natürlichkeitsgründen viele Farbensorten der Iris auf kleinem Raum durcheinanderzuquirlen. Wir fanden kleine schmale Horste, in drei Farben und in rhythmischer Wiederkehr mit anderen Horstklängen gepflanzt, sehr erfreulich und konnten dann an den vielen leeren Plätzen nach gleichem Prinzip mit ergänzenden Farbensorten und ergänzenden Zeitfolgesorten vorgehen. Bei einer breitflächigen Pflanzung dieser Horste blühen die Schwertlilien auf längere Dauer nicht so reich.

Von der Zweckmäßigkeit sparsamer Unterbrechung mit eingesprengten Wieseniris, *Iris sibirica*, wurde schon gesprochen. Da aber die Blattschöpfe der *Brunnera* jetzt erst mäßig entwickelt sind und die Funkien auch noch nicht so weit sind, daß sie mit ihren breiten Blattflächen die schmal aufstrebenden Irisblattschöpfe ergänzen, so gibt's eben um diese Zeit nur den Ausweg, in solchen Nachbarschaften mit der weißen Frühlingsamstel, *Thalictrum aquilegifolium*, zu arbeiten, deren Blüten ja gleichzeitig das schaumige Element des Wassers symbolisieren. Auch der prachtvolle Spiräenknöterich, *Polygonum sericeum*, paßt aus vielen Gründen in das Ufergärtchen oder seine unentbehrliche

Einen schnellen Zuwachs an Formen, Farben und Blütenreichtum schufen die Züchter auch bei der *Iris sibirica*, hier die Sorte 'White Swirl'.

Nähe. Wo er steht, steht er für immer, und sein Blattwerk erfreut das Auge auch nach der Blüte. Schwerste Warnung aber vor dem angeblichen Ersatz, *Polygonum alpinum*, welcher außerdem charakterlich nicht recht passen würde. Wir geben eine kurze Liste ganz besonders wirksamer Iris.

Sechs Iris-Gesellschaften rings um den Erdball haben es sich zur Aufgabe gemacht, dieser Gattung zu dienen. Sie umfassen auch den großen Aufstieg der Lilien und Taglilien *(Hemerocallis)*. Der Flor der letzteren reicht vom Mai bis in den September, vom Sonnenplatz bis tatsächlich zum Vollschatten!

Unter ihnen ist eine wichtige Sorte für die Maiwochen, die »Maikönigin«. Sie hat noch den schwerwiegenden Nebenvorteil, eine Königin unter den Frühgrünern zu sein. Ihre hellgrünen Sprossennester schießen wahrhaft aus dem Boden hervor und üben schon vor der Blüte ihre reizende Wirkung an rhythmischen Ufergartenplätzen aus. Keine andere Taglilienart oder -züchtung macht ihr das nach.

Trollblumen fühlen sich in Wassernähe besonders wohl. Günsel und Kaukasus-Vergißmeinnicht sind dort willkommene Nachbarn.

Eine rasante züchterische Entwicklung ist bei den Taglilien im Gange. Zu den guten roten Sorten gehört 'Bess Ross'.

Die Brunnera hat die Rolle des Bachvergißmeinnichts zu spielen. Das eigentliche Staudenvergißmeinnicht, *Myosotis palustris*, erblüht erst etwas später. Wer es pflanzt, wähle die unvergleichlich lebensstarke Züchtung »Thüringen«, die ihm auf die Dauer treu bleibt, wenn er ihre Wünsche erfüllt; denn das Vergißmeinnicht macht sich den Spaß, siebzig Zentimeter hoch etwa an ein paar Stauden der Meerbinse emporzuklettern. Nebenbei sei bemerkt, daß man diesem Vergißmeinnicht nach langen Blühzeiten zuweilen mit Rückschnitt gute Dienste leistet.

An das Freihalten von allerlei Plätzen für kleine Gladiolenhorste soll nicht nur erinnert, sondern der Hinweis auf ihre dem Ufer fremde Natur mit der Feststellung beantwortet werden, daß auch die Schwertlilie kein Ufergewächs, sondern eher ein Trockenheitsgewächs ist. Im

Garten ist aber bei der Bepflanzung der einzelnen Gartenbühnen unser Gefühl für den Pflanzencharakter entscheidend. Man kann sich ja hier auf die Gladiolenfarben Lila, Weiß und Gelb beschränken und braucht keine knallroten Prachtgladiolen ans Wasser zu setzen.

Wer das Glück hat, daß ein Bach durch seinen Garten fließt, der bekränze ihn würdig schon für den Mai mit der zugehörigen Randvegetation schöner Gewächse und rücke zu diesem Zweck den Rasenwuchs in langgestreckten Flächen beiseite, um Raum für die wilde Schwertlilie, die Wieseniris, Sumpfdotterblumen und *Trollius, Thalictrum* und Felberich zu haben. Selbst bei einer Bepflanzung solcher Naturlagen nur mit Wildstauden bleibt es wirkungsvoller, sie auf schmalen, kurzen Uferstrecken anzusiedeln, die man vom Graswuchs frei machte. Kahler Boden dazwischen kann ja durch niedrige, nicht wuchernde Staudengräser vermieden werden. Der Bach wird an solchen kleinen blühenden Uferstrecken besonders freudig vorbeifließen. Natürlich muß zwischen den Frühlingsblühern auch für die Einsprengung der entsprechenden späterblühenden Wildstauden, also für Mandelspiräe, Weiderich und Wasserdost gesorgt werden.

Lupinen haben Farben- und Formenschönheiten erworben, die zu raffinierten Benachbarungen im Garten und in der Blumenschmuckkunst drängen. Wenig bekannt ist, daß man sie durch scharfen Rückschnitt nach der Blüte von ihrem unordentlich werdenden Gerüst befreit und zu niedrigem, geordnetem Grünwuchs und langem Nachflor bewegt.

»Ich brauche hier an diesem Steingartenplatz Kleinstaudenblüte in reinstem, tiefstem Blau für lange Monate! Was nehmen?« Antwort: *Veronica armena* liefert dem Garten die blauen »Aprilteppich«-Veronika, *Veronica prostrata* die blauen »Maiteppich«-Veronika nebst ihren erwünschten hellblauen, rosafarbenen und weißen Sorten. *Veronica prostrata* var. *rupestris* ist die »Juniteppich«-Veronika. Ihnen folgt *Gentiana septemfida* var. *lagodechiana*, der Sommer-Enzian für jedermanns Garten. Diese vier unverwüstlichen Edelsteine sind unentbehrlich!

Der Glanz der Natur in Wald und Flur, Strand und Gebirge gipfelt im Mai. Das Gartenpflanzenreich erfüllt im Mai oft schon alle unsere Erwartungen. Aber nach einiger Zeit verlangen wir nach Steigerungen. Plötzlich erscheint schon bald nach der Monatsmitte eine neue tief dunkelblaue Salbei, genannt *Salvia × superba* 'Mainacht', und ruft sich orangerotes *Geum* und goldgelben Zwergginster heran!

Frühblühende Strauch-Rosen
Mai bis Juni

Rosa hugonis, Chinesische Gold-Rose, 2 bis 3 m hoch und breit
– *rugosa* 'Conrad Ferdinand Meyer', silbrig rosa, gefüllt, duftend, 1,5 m
– – 'Dr. Eckener', kupfrig rosa, duftend, bis 2 m
– *pimpinellifolia* 'Frühlingsanfang', hellgelb, 3 m
– – 'Frühlingsduft', gelbrosa, 1,5 m
– – 'Frühlingsgold', goldgelb, 2 m
– – 'Frühlingsmorgen', karminrosa, 2 m
– – 'Frühlingszauber', hellrot mit rosa Mitte, 2 m
– – 'Karl Foerster', reinweiß, sehr reichblühend, 2 m
– – 'Maigold', goldgelb, gefüllt, duftend, 2 m
– *xanthina*, sattgelb, stark bestachelt, 3 m

Iris germanica,
Barbata-Elatior-Gruppe
Hohe Schwertlilien
Mai bis Juni

Blütezeiten: fr. = früh,
mfr. = mittelfrüh
msp. = mittelspät
sp. = spät
Zahlenangaben: = Höhe des Blütenstandes in cm

1. Weiß

'Berliner Eis'	msp.	90
'Christmas Time'	msp.	100
'Cliffs of Dover'	mfr.	80
'Cup Race'	msp.	70
'Frost and Flame'	msp.	110
'Henry Shaw'	msp.	100
'Igloo'	sp.	90
'Wedding Vow'	fr.	80
'White Knight'	msp.	70

2. Plicata auf weißem Grund blau oder violett

'Blue Petticoats'	msp.	80
'Exotic Star'	msp.	80

Eine Spitzensorte unter den Bart-Iris ist 'Stepping Out'. 'Going my Way' ist ähnlich, wird aber noch höher.

'Foggy Dew'	mfr.	70
'Going my Way'	msp.	90
'Loop the Loop'	msp.	110
'Stepping Out'	msp.	80
'Winners Circle'	mfr.	80

Rosa oder Rot

'Dancers Veil'	mfr.	80
'Mod Mode'	fr.	80
'Rancho Rose'	fr.	80
'Rondo'	mfr.	90

3. Bicolors mit weißem Dom
Hängeblätter blau bis violett

'Crystal Glow'	msp.	80
'Dream Lover'	msp.	80
'Fuji's Mantle'	sp.	70
'Ludmilla'	mfr.	70
'Out Yonder'	mfr.	80
'Snow Mound'	msp.	80

Hängeblätter gelb

'Easter Time'	sp.	80
'Glacier Gold'	msp.	70
'Serene Duet'	mfr.	80
'Tulip Festival'	msp.	70

Hängeblätter rosa oder braun

'Cimmaron Strip'	msp.	80
'Gay Parasol'	msp.	70
'Navajo Blanket'	mfr.	80
'Repartee'	mfr.	60

4. Hellblau

'Babbling Brook'	msp.	80
'Blue Reflection'	sp.	80
'Eleanor's Pride'	mfr.	80
'Falbala'	sp.	80
'On Line'	fr.	100
'Snow Cloud'	mfr.	100
'Sapphire Hills'	msp.	80
'Song of Norway'	msp.	120
'Victoria Falls'	msp.	120
'Wenatchee Skies'	msp.	80

5. Mittelblau

'Blue Luster'	msp.	80
'Carolina Fragance'	msp.	80
'Foamy Wave'	fr.	60
'Full Tide'	sp.	90
'Pizzazz'	msp.	80
'Shipshape'	mfr.	80
'Tyrolean Blue'	mfr.	70

6. Schwarzblau

'Dusky Dancer'	msp.	80
'Night Owl'	sp.	90
'Study in Black'	mfr.	70
'Superstition'	msp.	90
'Tuxedo'	msp.	100

7. Violett

'Matinata'	msp.	80
'Midnight Hour'	sp.	100
'Navy Strutt'	mfr.	90
'Pagan'	mfr.	80

Immer tiefer und reiner werden die Farben der Schwertlilien. 'Matinata' ist auf diesem Weg ein wichtiger Schritt.

'Swahili'	fr.	60
'Titans Glory'	mfr.	100
8. Flamingorosa		
'Beverly Sills'	mfr.	70
'Heartbreaker'	msp.	80
'One Desire'	mfr.	70
'Pink Angel'	msp.	80
'Premier Bal'	sp.	80
'Sciaparelli'	msp.	70
'Vanity'	mfr.	80
9. Cattleyenrosa		
'Amethyst Flame'	mfr.	80
'Grand Entrance'	sp.	80
'Lilac Haze'	msp.	80
'Mary Frances'	msp.	80
'Priceless Pearl'	msp.	90
10. Lila-rosa, zweitonig		
'Camelot Rose'	msp.	70
'Latin Lover'	mfr.	80
'Wine and Roses'	mfr.	70
11. Purpurrot		
'Cranberry Ice'	msp.	80
'Raspberry Frills'	mfr.	90
'Raspberry Ripples'	msp.	80
12. Braunrot		
'Jewel Tone'	fr.	70
'Molten Embers'	sp.	110
'Post Time'	msp.	80
'Royal Trumpeter'	sp.	70
'Spartan'	mfr.	60
'Vitafire'	msp.	70
13. Kupferrot bis Bronze		
'Baccarat'	mfr.	90
'Brasilia'	mfr.	70
'Copper Capers'	msp.	60
'Olympic Torch'	msp.	80
'Rusticana'	sp.	90
14. Cremeweiß mit Gelb		
'Baroque Prelude'	fr.	80
'Debbie Rairdon'	mfr.	70
'Leisure Day'	sp.	90
'Queens Jubilee'	msp.	90
15. Zitronengelb		
'Cream Taffeta'	mfr.	80
'Fluted Lime'	mfr.	60
'Lemon Mist'	sp.	80
'Lime Fizz'	msp.	70
16. Goldgelb		
'Carolina Gold'	sp.	90

'Warm Gold' ist eine zuverlässige goldgelbe Sorte, die sich noch den Luxus eines kleinen weißen Spiegels leistet.

Hohe Auszeichnungen erhielt die Sorte 'Kilt Lilt'. Aber diese Schönheit braucht auch gute Pflege!

'Golden Promenade'	msp.	70
'Gold Imperial'	fr.	80
'Granada Gold'	mfr.	80
'Son of Star'	msp.	70
'Warm Gold'	mfr.	80
'West Coast'	msp.	60

17. Plicata auf gelbem Grund rot oder braun

'Daylight Splendour'	mfr.	80
'Kilt Lilt'	mfr.	70
'Radiant Apogee'	msp.	70
'Siva-Siva'	msp.	60
'Spreckles'	fr.	70

18. Bicolors mit gelbem Dom (Variegatas)
Hängeblätter rot bis braun

'Accent'	sp.	80
'Caramba'	fr.	80
'Cosmopolitan'	mfr.	100
'Gala Madrid'	msp.	70
'Grand Chief'	sp.	80
'Sail Master'	sp.	90
'Shaman'	mfr.	80

Wiesen-Iris *(Iris sibirica)* *Juni bis Juli*

Blütezeiten: fr. = früh,
mfr. = mittelfrüh
msp. = mittelspät
sp. = spät
Zahlenangaben: = Höhe des Blütenstandes in cm

1. Weiß

'Snow Crest'	msp.	90
'White Horse'	mfr.	100
'White Swirl'	sp.	90
'Wide White'	msp.	80

2. Hellblau

'Blue Celeste'	fr.	100
'Cambridge'	msp.	70
'Ego'	mfr.	70
'Soft Blue'	fr.	90

3. Mittelblau

'Blauer Falter'	fr.	90
'Blue Mere'	sp.	80
'Lichterfelde'	fr.	60
'Navy Brass'	msp.	70
'Ruth Eicke'	sp.	100
'Sally Kerlin'	sp.	60
'Swank'	msp.	70

Die heimische Wiesen-Iris erhielt in der Sorte 'Cambridge' eine Steigerung, wie wir sie vorher nicht für möglich hielten.

Den Wildnisreiz ursprünglicher Sorten möchte man im Garten dennoch nicht missen, *Iris sibirica* 'Lichterfelde'.

4. Dunkelblau und Violett

'Blue Burgee'	fr.	70
'Blue Moon'	sp.	90
'Caesar's Brother'	msp.	90
'Dreaming Spire'	msp.	70
'Libelle'	sp.	70
'Marilyn Holmes'	sp.	60
'Ruffled Velvet'	mfr.	60

5. Karminrot

'Rare Jewel'	msp.	60
'Reddy Maid'	mfr.	70
'Rote aus Wien'	msp.	80
'Ruby Wine'	mfr.	70

6. Rosa und Rosalila

'Lavender Bounty'	fr.	90
'Mrs. Rowe'	fr.	100
'Pink Haze'	sp.	80

7. Gelb

'Dreaming Yellow'	sp.	80

Frühsommer
Juni

Im Frühsommer beherrschen die Blütentürme der Rittersporne das Gartenbild. Rosen und Margeriten bieten sich zur Begleitung an.

Der Frühsommer im Garten, also der Juni, enthält Reichtümer höchster Blütenschönheit, die man kaum noch überschauen kann. Die Unbeschreibbarkeit und die Fülle des Juniflors steigert sich aber alljährlich noch weiter und drängt unausweichlich zu der so oft hier besprochenen Errichtung von Sammelgärten für jedermann, in denen dann tatsächlich die ganze Junifülle des Stauden- und Strauchreichs und des ausklingenden Flors der Blumenzwiebelstauden aufgepflanzt werden kann, ohne daß diese Fülle dort allmählich zu dicht und unüberschaubar wird.

Wir haben ja im Juni auch mehr Zeit und Licht als je für den Garten, der jetzt fast doppelt so lange beleuchtet ist wie im Vorfrühling und Herbst.

Daß die Rose und der Rittersporn ihn beherrschen, und zwar immer reicher und wunderbarer, ist bekannt genug. Doch unbekannt sind im wesentlichen die besten Züchtungen dieser beiden Junihelden in ihren frühen und späten Sorten, soweit es sich um die führenden Sorten von heute und morgen handelt. Die Hochqualitäten der beiden Pflanzenarten sind in einer Liste erschlossen. Rose und Rittersporn verlangen die Nachbarschaft malerischer, mittelgroßer Nadelhölzer. Der Begriff des Malerischen wird immer bedeutungsvoller auch für solche Pflanzen, die man bisher selten genug unter diesem Gesichtswinkel gesehen hat. Er ist schwer mit einem andern Wort zu bezeichnen, wird aber von wachsender Bedeutung bleiben; im Grunde will er besagen, daß hier unsere gewohnten Gärtner-

Jahrzehnte waren nötig, um den Bornimer Rittersporen diese Blütenfülle und Standfestigkeit auf Dauer anzuerziehen.

ideale eine Ausweitung in der Richtung auf Vereinigung aller möglichen Einzelschönheiten mit der Freiheit und Kühnheit der Linienführung, Architektur und Proportioniertheit erfahren haben. Es gibt viele »schöne«, aber durchaus unmalerische Dinge, denen hier ein wenig der Kampf angesagt wird.

Malerische Nadelhölzer von kleinerem, auch für Hausgärten passendem Wuchs sind natürlich mit Rosen und Rittersporn leichter in Verbindung zu bringen als die gewohnten. Immer wieder sei daran erinnert, daß der Platz zwischen den Rosen oft prachtvoll für die Ausbreitung aller möglichen Tulpenschätze paßt. Die schönsten Einfassungsbänder liefert hier Lavendel. Eine höchst wirksame Grundierung der leeren Plätze zwischen den Rosen findet sich in der silberweißen Teppichspindel.

Doch genug hiervon, denn der Gegenstand kann sonst ein halbes Buch füllen. Im Juni blühen noch viele späte Schwertlilien, ja in kühleren Gegenden reicht der Flor noch über den Monat hinweg. Schwertlilie, Riesenmohn und Lupine beherrschen jetzt die Rabatten, bis der Ritterspornflor in Blau und Weiß seine Herrschaft antritt, gestützt auf seine klassischen Nachbarn, die Mittsommermargeriten, die uns reinste Margeritenfreuden bescheren.

Wer Lupinen und Feuermohn verwendet, muß die rosa Lupinen entweder ausschalten oder den rosa Feuermohn wählen. Hier finden sich Rosatöne von einer Neuheit und Noblesse, vor der die Phantasie wieder einmal wie so oft beschämt dasteht. Aus langjähriger Frosterfahrung kommt man dahin, zunächst nur Riesenmohn deutscher Herkunft zu pflanzen. Es gibt erst wenig wirklich ideale Riesenmohne, die bei Regen keine Silberränder bekommen, auf die Dauer bei Mißwetter nicht schräg lagern, bei grauem Wetter nicht die bekannte fältelnde Haltung der Blumenblätter annehmen, völlig win-

Auch der Riesenmohn hält neue Überraschungen bereit. Die rosa Sorte 'Catherina' läßt sich leicht mit anderen Farben kombinieren.

Im Frühsommer beginnt der Auftritt der Geißblatt-Arten.
Lonicera × tellmanniana, ist eine der frühesten
und starkwüchsigsten.

terhart sind und in der Hitze nicht »verbrennen«. Die Riesenmohnsorte 'Funkturm' erreicht Brusthöhe und besitzt ein edles, warmes Rot, das sich besser einfügt als die feuerroten Sorten. Der Weg ist also frei für eine Entfaltung und Verbreitung des prachtvollen Reichs der Riesenmohne, die nun endlich auch in Deutschland bis in die Land- und Laubengärten hinein diesen Feuerfackeln und riesigen Rosaschalen die allseitige Verbreitung bringen wird, welche sie in Gartenländern der Ferne längst erlangte.

Wie schön sind die spitzgetürmten weißen, gelben, tief dunkelblauen Aufbauten der Lupinen als Begleiter des Mohns! Mehr und mehr richtet sich bei der Lupine, dieser unerschöpflichen Quelle ungewohnter Farben, die Zuchtarbeit auch auf die Nebeneigenschaft des schönen Verblühens; neuartige, bequeme Stecklingsvermehrung dieser Staude wird die Hochqualitäten immer schneller in weitverbreitete Quantitäten verwandeln und alle Mißlichkeiten ausschalten helfen.

Viele Päonien-Sorten sind schon über 100 Jahre alt und haben dennoch, oder gerade deshalb nichts von ihrem Gartenwert eingebüßt.

Noch vor dem Rittersspornflor setzt die Blütezeit der Paeonien ein und dauert in frühen und späten Sorten mindestens ebensolange, wenn diese Staude auch keinen spätsommerlichen Nachflor zeigt. Wirklich edle, leicht blühfähige und freigebige Sorten unter den frühen und späten Päonien sind noch in verhältnismäßig kleinen Listen unterzubringen. Die Zahl der älteren Päoniensorten, die eigentlich erst vom dritten Jahr nach der Pflanzung an recht in Gang kommen und reich blühen, dann aber um so tiefer enttäuschen, ist übermäßig groß. Zahllose Sorten wagen sich überhaupt kaum mit der Blüte vor. Das ärgerliche Schelten auf Päonien ist daher weitverbreitet! Um so größer wird allmählich das Erstaunen werden, welche unvergleichbaren Schätze diese Urgestalt des Staudenreichs geliefert hat. Die Vermehrung ist aber langwierig, und so wird es noch geraume Zeit dauern, bis endlich der Päonienjubel so allgemein werden wird wie der Rosenjubel. Wie edel ist auch das Laubwerk dieser fremdartig-vornehmen Pflanze! Der Duft mancher Päonien ist ein vollkommener Rosenduft. Die schönsten Päonien – ebenso deutscher wie ausländischer, darunter auch ostasiatischer Arbeit zu verdanken – sind, als Gartenschätze denkbar bequem zu pflegen, überwältigend wertvoll.

In Steingärten und Naturgärten und sonstigen Kleinstaudenkonventikeln des Juni geht es toll zu. Man ertrinkt in der Fülle. Eine gewisse Hilfe bieten Übersichtslisten, doch reicht hier noch nicht der Raum. Der volle Überblick über diesen Naturreichtum ist privaten Mitteln und auch selbst unermüdlichen Gängen durch viele botanische Gärten nicht möglich, sondern verlangt wieder einmal nach den erwähnten Gemeinschafts- und Sammelgärten, die aber hier für diese Kleinstauden in ganz besonderer Weise offenbaren werden, daß schon eine viel kleinere Gartenfläche, als man vermutet, zur lebendigsten Ausbreitung auch bei alljährlichem Zuwachs an Neuheiten ausreicht.

Hell- und dunkelblaue Töne liefern jetzt die Teppich-Veronika, *Veronica prostrata* var. *rupestris* und die Büschel-Veronika, *V. australis* ssp. *teucrium* in den Sorten 'Knallblau' und 'True Blue'. Ihr Blau ist wohl das edelste, was diese Gattung hervorbringt, mit ihm ist nur noch das des Zwerg-Rittersporns, *Delphinium grandiflorum* in hoher Qualität zu vergleichen. In blassem Gelb herrscht lange und weithin die neue elfenbeinfarbene Variante des Sommersteinrichs und lockt dazu, sie mit dunklem Lila, also der frühen *Salvia × superba* 'Mainacht', zu übertürmen oder ihr das Blau der Veronika oder des Hornveilchens zu Füßen zu breiten. Dieser Farbenklang sieht sich nach einer dritten Farbe um, denn der Dreiklang ist etwas viel Höheres als der Zweiklang, er sorgt auch dafür, daß im Beginn und am Ende des Blühens selbst kleinere Vor- und Nachspiele noch reizende Farbigkeiten bewirken. Man kann schwer im Kopf behalten, wie alles nebeneinander und nacheinander erblüht und verblüht. Immer ist da etwas Neues zu beobachten, was gegen die Verabredung zu verstoßen scheint. Noch blühen Frühlingsgestalten, und schon haben wir Teller mit Erdbeeren vor uns. Alle diese Spannungen und Verwunderungen setzen sich vor gleichen Pflanzen auf Jahre hin fort. Sie blühen bestimmt nicht zur gleichen Zeit auf wie im Vorjahr, sind plötzlich größer geworden, als der Platz eigentlich gestattet, können aber mit Leichtigkeit von ein paar Scherengriffen in das rechte Maß verwiesen werden. So geht es mit den bunten Sonnenröschen, den *Helianthemum*-Hybriden, die man gern durcheinander pflanzt, daneben aber Horste von Veronika oder Narbonnenflachs einsprengt. Auch die kraftvoll wuchernde dunkellila Knäuel-Glockenblume, *Campanula glomerata* 'Superba', setzt sich im Kampf mit den unverwüst-

Zu den sommerlichen Dauerblühern gehören die Sonnenröschen. *Helianthemum*-Hybride 'Supreme' heißt diese Sorte.

Wer einen Duftgarten zusammenstellen will, kann den Rosmarin-Seidelbast *Daphne cneorum* nicht auslassen.

lichen Sonnenröschen durch und wird auch von ihnen ein wenig zur Ordnung gerufen.

Man kann jetzt Leuten allerlei Düfte unter die Nase halten, deren Herkunft sie mit geschlossenen Augen raten sollen: so die kleine Teppich-Pfefferminze aus Afrika, *Metha requienii*, oder *Iris humilis*, die viel edler ist als *Iris graminea* und schönste Pfirsichdüfte in seltsamen Blumen birgt, welche die Arme über der Brust kreuzen wie Mohammedaner, oder die Hängeglocken der *Primula sikkimensis*, die Maharadscha-Parfüms mit feinsten Pariser Düften mischt, oder auch die Tigerglocke, jenes Blumenrätsel mit dem verzwickten Namen *Codonopsis ovata*, aus Himalajafernen gebürtig, das aus edelgeschnittenen blaßblauen Glockenblumen mit rhythmisch gebatiktem Blumeninnern einen unbezeichenbaren Wildtiergeruch strömen läßt. Die Verwirrung unseres Geruchsvermögens aber erreicht ihren Höhepunkt, wenn wir fliederduftende Sträuße der Phlox-Arendsii-Hybriden zusammen mit zimtduftendem kaukasischem Diptam vorgehalten bekommen.

Es gibt, wie gesagt, keine engere Verbindung als die zwischen dem Streben nach Qualitätssteigerung und nach Ausdauer in der Beobachtung. Auf allen Gebieten werden uns die lebendigsten Aufschlüsse gewährt durch die Abkehr von kurzfristigen Beobachtungen und Gedanken und die Hinwendung zu dem, was durch den Filter der Zeiten gegangen ist.

Was glauben wir im Kleinstaudenreich nicht alles zu kennen, was doch noch unendliche Überraschungen in sich birgt, unerwartete Fähigkeiten und Dauerkräfte, die uns immer wieder ganz neu und ungewohnt erscheinen. »Wer mit seiner Mutter, der Natur, sich hält, find't im Stengelglas wohl eine Welt!« (G.) Wie merkwürdig sind die Gezeiten zahlloser Pflanzen, die zeitlichen Stichworte, an die alles gebunden ist, ihre explosive Energie, der totenähnliche Schlaf, das Munterwerden im Herbst, die Winter- und Frühlingstrotzkräfte ihres Lebens. Wie mit den Augen eines Kindes blicken wir in das unendliche, einander durchwirkende Auf und Ab dieser Lebensmelodien und sinnen ohne Ende den Rätseln nach, die aus den ferngeborenen Eigenschaften all dieser Gebilde aufsteigen. Die Wunder des Gartens haben eben tausend Wege, dem Herzen des Älterwerdenden immer näher zu rücken.

Keinesfalls suchen wir also unsere Gartenblumenfreuden nur in der Richtung der Prachtentfaltung und ihrer rhythmischen und farbenklanglichen Bändigung. Im Gegenspiel hierzu zeigen Gärten in den Partien der Wildnisgartenkunst immer mehr stille Blütenschönheit, die uns von der Prachtblume ausruhen läßt.

Im Steingarten des Juni ist nun die Zeit der Nelken, Glockenblumen, Hornkräuter, der größeren oder kleineren Geranien, des olympischen Hartheus und der bernsteingoldenen Habichtskräuter gekommen, die alle nach immer neuen blauen Nachbarn verlangen. Dies Verlangen wird jetzt auf lange auch vom Enzian erfüllt. Merke dir *Gentiana septemfida* var. *cordifolia*, den fußhohen Büschel-Enzian, den neuen hochgestielten Krumrey-Enzian sowie den Enzian der sommerlichen Gärten, *Gentiana septemfida* var. *lagodechiana* 'Doeringiana'.

So pendelt der neue Gartenmensch zwischen lauten und stillen Gartenbereichen. Das Wechselspiel zwischen »Wildnisgartenkunst« und »Prachtgartenkunst« geht durch alle Gartenjahreszeiten; es gehört neueren Zeiten an und vertieft sich alljährlich. Zwei Unendlichkeiten entgegengesetzter Weltprinzipien wiegen einander hier aus und locken unsern Geist zu weitausgreifendem Wechselspiel.

Fort und fort muß wieder darauf hingewiesen werden, daß auch der Kleingartenbesitzer nicht nur die Zipfel dieser Freudenbereiche in Händen hält, sondern selbst auf kleinen Räumen sehr herzhaft mit ihnen umgehen kann. Es wird Sache des Gartenfürsorgers und der Gartenfürsorgerin werden, auch diese Dinge überall selbst in Lebenshaltungen und Gartenverhältnisse schlichtester Voraussetzungen zu tragen; dies wird oft genug auf fruchtbaren Boden fallen und zu gestalterisch neuen, reizvollen Wegen und Methoden führen. Es kommt doch wahrhaftig darauf an, im Garten neben aller Förderung der Nutzbarkeit die Häupter der Kinder über die Kohlhäupter emporzuheben! Überall, auch da, wo wir es gar nicht so recht vermuteten, warten Lichter darauf, angezündet zu werden; und überall leben versprengt gewisse menschliche Sondernaturen, die es auf ihre Weise zu neuem und höherem Leben drängt, dessen Verwirklichung dann späteren Nachahmungen Wege bereitet.

Eine Riesenwelt bezaubernder Zwerggestalten bringt auch den Alltag in feste Dauerverbindung mit immer neuen, lebenden Sendlingen aus sagenhaften Fernen der Erde!

Wenn nun drei Gartennachbarn sich darüber verständigen, daß jeder für seine Kleinstaudenbeete *andere* Arten und Sorten wählt, so kann später durch bequemen Tausch jedem von ihnen der dreifache Reichtum im Garten blühen.

Das Hornkraut, *Cerastium tomentosum*, ist in seiner schwachwüchsigen Variante durchaus gartenwürdig, vor allem an Mauern und Böschungen.

Mancher Leser mag nebenbei wohl denken, daß es doch seltsam ist, in diesem sturmbewegten Zeiten mit solcher Inbrunst von all diesen stillen, beschaulichen Freuden zu reden. Hierzu wäre zu sagen: Gerade *diesen Zeiten* ist doch schließlich jener große neuartige Naturreichtum zugeflossen und will auf die rechte Art empfangen werden. Und sie kann ja nicht in Schweigen bestehen!

Das Ufergärtchen des Juni gehört noch fernhin dem Weiterflor der Schwertlilien und des *Trollius*. An den neuen und höchsten Errungenschaften auf diesem unersetzlich schönen und eigenartigen Gebiet wird noch vorbeigelebt. Nicht nur die überragende Schönheit der großen kanariengelben Züchtung 'Lemon Queen' und der goldgelben und dunkelgelben Sorten 'Goldquelle' und 'Meteor' wird nicht entsprechend herausgehoben, sondern auch ihr erstaunlicher Nachflor in langen Herbst- und Spätherbstwochen ist noch unbekannt und ungefeiert. Gesteigerte Blumengröße und rosenhafte Schönheit der Modellierung wie bei der Sorte 'Frühlingsbote' und anderen haben wir dieser wichtigen Rabatten- und Uferstaude bisher nicht zugetraut!

Zum Monatsschluß aber beginnen die schönen westasiatischen Steppeniris aus ihren starren und steilen Schilfbüschen zu blühen: die als Schnittblume sehr dankbare *Iris orientalis* sowie die hohe, schöne *Iris monnieri*. Es sind dies alles Pflanzen, die viel Dürre und viel Feuchtigkeit vertragen und uns im Verein mit dem schönen Bastard *Iris × monspur* leise der Schwertlilienpracht entwöhnen, wenn auch nicht auf lange; denn bald geht's weiter mit der japanischen Uferiris, der *Iris kaempferi* und ihrer neuen gartenfreundlichen Rasse.

In kühleren Gegenden reicht der *Iris-germanica*-Flor durch den ganzen Juni. Es kommen auch Schritt für Schritt neue, großartige Sorten dazu. Bei einer vorsichtigen Benachbarung mit der Wieseniris, also der *Iris sibirica*, bei deren Taufe die Botaniker vergessen haben, daß man in deutschen Wiesen einen Massenflor dieser Iris findet, ist zu bedenken, daß ihre neueren Edelsorten enorme Büsche bilden, die mehr als anderthalb Quadratmeter überschatten. Die Nachbarschaft auch ihrer prachtvollen Laubbüsche neben den mürbewerdenden Schwertlilienbüschen bleibt reizvoll, wozu noch die lange andauernde Herbstfärbung kommt. An der Spitze

Ein selten gewordener Schatz der Frühlingswiesen sind die Trollblumen. Im Garten sind sie, wie die Sorte 'Meteor', unentbehrlich.

stehen mir die Züchtungen 'Cäsar' und immer noch die alte weiße *I. sanguinea* 'Snow Queen'. Viele neue Farbentöne sind in Aussicht – hellblaue, lavendelblaue, rote und schwarzblaue. Sogar zum Dauer- und Nachflor hat es die hellblaue Sorte 'My Love' gebracht.

An den farblichen Zusammenklang neuer Edelsorten des Kaukasus-Vergißmeinnicht mit der Gemswurz, *Doronicum* in Edelzüchtungen, muß hier erinnert werden.

Alles hier Genannte verträgt auch leichten Halbschatten, *Hemerocallis* sogar tiefen Vollschatten! Ein Ufergärtchen darf also auch im lichten Halbschatten liegen, denn alle zugehörigen Stauden vertragen durchaus solche Lagen, erblühen dann vielleicht etwa zehn Tage später, wie es ja auch der große Sommerphlox bei leichter Beschattung tut, und antworten mit höherem Wachstum.

Der Wasserrosenflor ist in voller Pracht. Möchte sich niemand bei all dem Schönen, das er im Garten hat, irgendwie begnügen und zur Ruhe setzen; denn sonst nimmt er eine Haltung ein, die einem Vorwärtsschreiten entgegengesetzt und hinderlich ist. Alles soll immer leise durch das Neuhinzunehmen von Fortschrittspflanzen unserer Tage und durch sorgliches Verbessern der Anordnung in Fluß erhalten werden. Alles »Fertigmachen« verlangt nebenbei auch das Einströmen kontrapunktischer Kräfte, also die Ergänzung von abliegenden und entgegengesetzten Seiten her, damit Spannung in die Sache kommt. »Polarität und Steigerung« bezeichnet Goethe als das große Stichwort unserer Sternensphäre.

Pflanze demnach in die Nachbarschaft flachliegender Stauden, zum Beispiel der Zwergwasserrosen edelster Sorten, vielerlei steilaufstrebende Pflanzen, im Wasser also Binsen und Weiderich in Unterwasserkübeln. Besetzung des Wassers mit Wasserpflanzen und Fischen bewirkt die nötigen Kreisläufe, die das Wasser klar halten.

Ein Blick in den Senkgarten in Potsdam-Bornim offenbart, welche Fülle und Kraft die sommerblühenden Stauden haben können.

Die Gemswurz, *Doronicum*, gedeiht besonders gut in einem halbschattigen Winkel vor einem Stein. Als Nachbarpflanze ein Kaukasus-Vergißmeinnicht dazu.

'Morgentau' nannten wir diese Rittersspornsorte mit ihren hellblauen großen Blüten.

Der Ausruf eines Besuchers gab vor mehr als 40 Jahren dieser Sorte ihren Namen: 'Jubelruf'. (Mitte)

An das kalte Blau eines Baches im Hochgebirge erinnert die Sorte 'Gletscherwasser'. (unten)

Rittersporne (Delphinium-Hybriden) *in drei Blütezeitgruppen*

Zahlenangaben = Höhe des Blütenstandes in cm

1. Zeitgruppe ab Anfang Juni

Elatum-Hybriden
'Blauwal', leuchtend mittelblau, 180
'Frühschein', helles Mittelblau, 160
'Jubelruf', glühend enzianblau, 160
'Morgentau', hellblau, 170
'Ouvertüre', blau mit rosa, 160

Belladonna-Hybriden
'Kleine Nachtmusik', dunkellila, 80
'Moerheimii', reinweiß, 100

2. Zeitgruppe ab Mitte Juni

Elatum-Hybriden
'Ariel', hellblau, 170
'Azurzwerg', azurblau, 120
'Dämmerung', dunkelblau mit rosa, 160
'Fernzünder', leuchtendes Blau, 170
'Gletscherwasser', eisblau, 170
'Malvine', hellblau mit rosa, 180
'Meergott', stahlblau, 180
'Merlin', leuchtend blau, 160
'Oberon', hellblau, 180
'Perlmutterbaum', hellblau mit zartrosa, 180
'Poseidon', dunkelblau, 160
'Sopran', ganz helles Blau, 170
'Sternennacht', blitzendes Tiefblau, 170
'Tropennacht', dunkelenzianblau, 160

Belladonna-Hybriden
'Atlantis', kräftig lilablau, 80
'Ballkleid', leuchtendes Hellblau, 100
'Piccolo', ultramarinblau, 80

3. Zeitgruppe ab Ende Juni

Elatum-Hybriden
'Abgesang', azurblau, spätester! 170
'Berghimmel', himmelblau, 170

'Blickfang', mittelblau mit rosa, 150
'Finsteraarhorn', dunkelenzianblau, 170
'Klingsor', warmblau mit rosa, 160
'Lanzenträger', enzianblau, 180
'Nachtwache', dunkellila, 180
'Rosenquarz', hellblau mit rosa, 180
'Sommernachtstraum', tiefblau, 140
'Tempelgong', nachtblau, 170
'Zauberflöte', glühendes Mittelblau, 180

Belladonna-Hybriden
'Sommerfrische', leuchtendes Hellblau, 100
'Völkerfrieden', azurblau, 100

Taglilien (Hemerocallis-Hybriden)
von Anfang Mai bis tief in den August

Blütezeiten: fr. = früh,
mfr. = mittelfrüh
msp. = mittelspät
sp. = spät
Zahlenangaben: = Höhe des Blütenstandes in cm

Miniatursorten
bis 7 cm Blütendurchmesser

'Bitsy', goldgelb,	msp.	50
'Butterpat', mittelgelb,	mfr.	60
'Corky', zitronengelb,	mfr.	70
'Curls', aprikosenfarbig,	mfr.	60
'Jest', zitronengelb,	sp.	80
'Little Bussiness', himbeerrot,	mfr.	50
'Little Celena', lachsrosa,	mfr.	50
'Little Grapette', bordeauxrot,	mfr.	50
'Little Joy', blutrot,	mfr.	80
'Little Pink Fluff', rosa,	msp.	50
'Pizza', orangefarben,	fr.	50
'Stella de Oro', goldgelb,	fr.–sp.	40
'Thumbelina', orangefarben,	mfr.	50

Kleinblütige Sorten
bis 11 cm Blütendurchmesser

'Bambi Doll', rosa,	fr.	70
'Brunette', braun,	sehr fr.	50
'Chipper Cherry', signalrot,	mfr.	60
'Ed Murray', schwarzrot,	msp.	90
'Fox Grape', blaurot,	msp.	70
'Green Flutter', grünlichgelb,	sp.	50
'Lady Inara', lachsrosa,	msp.	70
'Lemon Bells', zitronengelb,	msp.	70
'Little Love', melonenfarben,	mfr.	70
'Little Rainbow', gelblichrosa,	mfr.	50
'Lord Camden', dunkelrot,	msp.	60
'Luxury Lace', bläulichrosa,	mfr.	70
'Maikönigin', goldgelb,	sehr fr.	70
'Pojo', goldgelb, gefüllt,	msp.	60
'Suzie Wong', grüngelb,	mfr.	50
'Tonkin', maisgelb,	mfr.	50

'Corky' war eine der ersten und ist noch heute eine der schönsten Miniatur-*Hemerocallis*, die wir bisher kennenlernen konnten.

Unter den neuen Farben tauchen rote Töne auf, die schon fast ins Lila gehen, wie hier bei der Sorte 'Little Grapette'.

Die rosafarbenen Sorten haben in 'Bed of Roses' eine zuverlässige, lange und reich blühende Vertreterin.

Unersetzlich sind die großen gelben Blütensterne von 'Norton Orange' zwischen all den anderen *Hemerocallis*-Farben.

Unerwartet bei *Hemerocallis* ist der bläulich-rosa Farbton von 'Luxury Lace', eine Sorte für den Kenner! (rechts oben)

Großblütige Sorten
über 11 cm Blütendurchmesser

'Astolat', weißrosa,	msp.	80
'Autumn Accent', braunrot,	sp.	80
'Bed of Roses', rosa,	sp.	60
'Born Again', cremeweiß,	sp.	70
'Burning Daylight', orangegelb,	msp.	60
'Carey Quinn', blutrot,	mfr.	70
'Cartwheels', goldgelb,	mfr.	90
'Crimson Pirate', leuchtendrot,	mfr.	70
'Frances Fay', hellrosagelb,	sp.	50
'Frans Hals', gelb-rot,	msp.	70
'Grape Velvet', weinrot,	msp.	60
'Ice Carnival', cremeweiß,	fr.	80
'Invictus', goldorange,	sp.	90
'Lexington', hellgelb,	msp.	80
'Limited Edition', zitronengelb,	fr.	90
'Mary Todd', goldgelb,	fr.	60
'My Ways', rubinrot,	mfr.	100
'Norton Orange', orangegelb,	msp.	70
'Plum Line', rosenholzfarben,	msp.	50
'Rapport', himbeerrosa,	mfr.	70
'Scotland', rubinrot,	fr.	80
'Shining Plumage', samtrot,	mfr.	90
'Sunday Afternoon', goldgelb,	sp.	100
'Winning Ways', hellgelb,	msp.	80

Hochsommer
Juli

Ohne die wiegenden Halme des Büschelfedergrases, *Stipa capillata*, würde dieser Komposition von Sommerblühern der Glanzpunkt fehlen.

Im Juli, diesem Monat der sengendsten Hitze, der Gewitter und Regenstürme, können sich Blütengewächse so recht in ihrer Lebensstärke jeder Art erweisen. Was unterscheidet den schönsten Juliflor der besten Gärten und Blütengewächse, der großen und der kleinen, vom Sommerflor früherer Zeiten? Die Hauptsignatur ist größere Fülle reiner, milder oder brennender Farben, ausgiebigere Dauer des Flors, gesteigerte Widerstandskraft gegen Hitze und Stürme, gegen Mehltau und andere Krankheiten. Ja, in zunehmendem Maße lernt man auch, unseren Juliblühern ein reizloses und häßliches Verblühen abzugewöhnen.

Schritt für Schritt gewinnt auch die Blumenwelt der Gärten die Kräfte für eine ihrer großartigsten Sendungen, sich in Gärten, die in großer oder schöner Landschaftsnatur liegen, nicht nur gegen Wald und See, Meeresstrand und Bergferne zu behaupten, sondern auch vielen Gartenbildern zu einem grandiosen Zusammenklang mit der Landschaftsnatur zu verhelfen. Die zahmen und kleinlicheren Blütengewächse früherer Zeiten hatten weder die Anpassungskraft an alle möglichen Boden- und Klimaverhältnisse, noch besaßen sie genügende Farbenkraft und »Großheit«, um auch in den Zusammenklang von Himmel und Erde Worte hineinzureden, durch welche der Garten wiederum neue Kraft gewann, Farbe und Glanz des Himmels auszuschöpfen. Es wachsen uns also alljährlich wirksamere Mittel in die Hände, die zu ganz neuer Synthese zwischen Garten und Umwelt führen. Auch im Gehölzreich tauchen abenteu-

Mit urwüchsiger Kraft schiebt sich die Kletterhortensie,
Hydrangea anomala ssp. *petiolaris*,
an dem alten Baumstamm empor.

erlichere und linienreichere Gestalten auf als früher, die das Zeug zu diesem Grenzvermittlungsdienst haben. Wer solche edelsten Pflanzen im Glanze ihres Verkehrs mit den Mächten, die den Garten umwittern, gesehen hat, wird ihnen dies auch in einem beengten Gartenleben nicht vergessen können.

Die stärksten Farbenwirkungen des Juligartens gehen vom Weiterflor des Rittersporns, vom Staudenphlox und von den bunten Pracht-Spiräen, den Astilben, aus. Hinzu kommt vor allem aber noch die große Partnerin des Rittersporns, die Rose, die bekanntlich – oder vielmehr unbekanntlich – bei uns immer pausenloser den ganzen hohen Frühling, den Sommer und Herbst durchblüht. Die mehrmals blühenden Kletterrosen nehmen an Zahl und Schönheit zu, auch ihre Winterhärte ist im Wachsen. Es bereichert sich also das Rosengesicht des Juli ständig um erhebliche Züge. Die größten und feinsten Rosenfortschritte müßten eigentlich das Gespräch der Kulturwelt sein!

Wichtig ist es vorläufig, die schönsten Kletterrosen einer Pergola rhythmisch mit den auch ab-

Die Astilben-Sorte 'Hildegard' entstammt der Bornimer Züchtungsarbeit. Auch nach vielen Jahren möchten wir sie nicht entbehren.

solut harten Sorten zu durchsetzen, welche dann über solche Jahre hinweghelfen, in denen die heruntergefrorenen Nachbarn sich erst wieder von unten her ergänzen. Zwischen die Pergolarosen gehören natürlich auch andere Rank- und Klettergewächse.

Für die Ausschöpfung der Farbenwirkungen all solcher schönen Gebilde wie Rose und Astilbe, Phlox und Rittersporn ist ein wirkliches Wissen notwendig, um immer klarer in Gruppenlisten festlegen zu können, welchen Wochen oder Monaten die einzelnen Sorten angehören, damit sich das vermeintlich Wohlberechnete nicht gerade an der Nase vorbeiblüht! Man vergißt oft, wie lang das Jahr ist, und erlebt immer wieder überrascht die gedächtnisstützenden Verkörperungen der weiten Räume schon *einer* Jahreszeit durch ihre Blütengewächse.

Die bunten Pracht-Astilben stellen einen völlig neuen Zug unserer Juligärten dar, von dem man in den Gärten vor fünfzig Jahren noch keine Ahnung haben konnte. Die weißen Filigranbüsche des 'Bergkristall' werden brusthoch,

Unter den frühblühenden Astilben behauptet die Sorte 'Europa' einen festen Platz. Ihre mittlere Höhe ist im Vordergrund besonders willkommen.

– das Rot mancher Sorten ist so glühend, daß man kaum glaubt, kühlen Blumenstoff vor sich zu haben. Am meisten halten die 'Walküre' und die kleinwüchsige Simplicifolia-Gruppe Hitze und Trockenheit aus. Diese Astilben vertragen bei einer Pflanzung ohne Bedrängung durch Gehölzwurzeln auf die Dauer lichten Halbschatten, aber auch volle Sonne. In sonniger Lage pflanzt man lockerer, sorgt für rechte Pflanzmulden, um bequem wässern zu können, und hat dort nur im ersten Jahr bei großer Hitze mit vorübergehender Schädigung, ja zuweilen mit einem kräftigen Verkochen zu rechnen, was vom zweiten Jahr an ganz wegfällt. Die hitzegeschädigten Pflanzen treiben aber alsbald wieder junges Laub. Die Wirkung heranwachsender Horste geht über alle Begriffe. Halb ist es, als ob die Waldspiräenträume unseres Innern in wunderbaren Farben aufrauschten, halb meinen wir, durch bunte Wedel eines Pampasgrases zu gehen. Schöne Julinachbarn der Astilben sind die Juli- und August-Silberkerzen, die Blaublatt-Funkien, die Monarden und auch die nachblühenden Rittersporne.

Fehlerlose Staudenphloxe gibt's auch noch nicht allzu lange auf der Welt, einige wenige Ausnahmen abgerechnet, die heute ebenso aufregend sind wie vor fünfzig Jahren und dieselbe herrliche Lebenskraft zeigen. Der wilde Staudenphlox, der vor etwa zweihundert Jahren mit seinem gebrechlichen Wachstum und seinen kleinen blauroten Blütenbällen aus dem Indianerland auch nach Deutschland kam, ist ja in das Zeitalter seiner außerordentlichen Kraft- und Schönheitsentwicklung erst seit fünfunddreißig Jahren getreten! Wenn man die uralten Sortenverzeichnisse aus dem letzten Drittel des vorigen Jahrhunderts und den ersten Jahrzehnten dieses Jahrhunderts durchsieht und genügend darüber orientiert ist, welche tastenden Werte dort langsam aufgebaut sind, so kann man die Geschichte zahlloser Einzelsorten von damals bis heute genau verfolgen. Das Damals hat das Heute emporgehoben.

Beim Durchsehen der Phloxarbeiten, an denen Frankreich, Amerika, Holland, England, Rußland und Deutschland beteiligt sind, drängt sich uns der Eindruck einer überragenden Wesentlichkeit deutscher Zuchtarbeit am Phlox auf, obwohl wir keinerlei Neigung zu irgendwelchen deutschen Selbstbespiegelungen haben. Man kann jetzt Juli-, August- und September-

Vielen Künstlern, besonders Malern, wurde unsere Bornimer Phlox-Sorte 'Silberlachs' zum besonderen Liebling.

Phlox unterscheiden. Es ist für unser Sommergefühl wichtig, daß eine genügende Menge schönster Sorten des Phloxes im Spätsommer weiterblüht, ja sogar im frühen Herbst; so drückt er durch seine mächtigen Farben und Düfte dem ganzen langen Sommer sein Farben- und Duftsiegel auf!

Wir haben von den Herrlichkeiten und den überwundenen Fehlern, von der Gartenverwendung und dem Schnittblumenwert des Phloxes in wer weiß wie vielen eigenen Gartenbüchern und Gartenzeitschriften seit Jahrzehnten so eingehende Berichte gegeben, daß es fast schwerfällt, in diesem neuen Buche wieder von neuen Seiten des Phloxes zu reden; und doch kann es nicht unterlassen werden, dem Leser einen Begriff von der Schwere dieses Ringens um die wahre Bereitwilligkeit und Gefügigkeit solchen gutwilligen Blumenwesens zu geben, dem ja mindestens zwölf große Schwächen abgewöhnt wurden! Die etwa hundert besten Sorten umfassen lauter einzelne, voneinander tief verschiedene »Persönlichkeiten«, die uns auch nach langer Bekanntschaft noch immer weiter mit irgendwelchen Überraschungen verfolgen, uns also auf bisher nichtbeobachtete Werteigenschaften aufmerksam machen. Die Verliebtheit unzähliger Menschen in diese großen, duften-

Die letzte Phlox-Sorte, die Karl Foerster noch persönlich taufte, nannte er ‘Redivivus’. Die reiche Seitenknospenbildung regte den Namen an.

den Dickichte seidiger Farbenballons von verschiedenartigstem Aufbau der tragenden Liniengerüste nimmt in allen Gartenländern zu. Langsam auch verdorrt das Unkraut vieler Vorurteile und Irrtümer, das aus den halbguten Werdezeiten herrührt und noch in beste Fortschritte des Gewordenen hineinwuchert. Kurzum – Phlox und das wahre Leben mit ihm ist und bleibt ein hochinteressantes Übungsfeld der Urteilszucht.

Wir können uns nicht versagen, an dieser Stelle die Zeitgruppentabelle der führenden Phloxsorten zu bringen; denn nur der wirkliche Fortschritt hebt Meinungsverschiedenheiten auf! Die Wichtigkeit einer Dauersichtung altgewordener Phloxstauden in ihren bedeutsamsten Sorten durch neutrale Sichtungsgärten, die in allen möglichen Böden und Klimaten am Werke sein müssen, ist beim Phlox besonders groß. Es gibt allerlei Böden in Deutschland, welche dem Phlox nicht zu seiner höchsten Vollkommenheit verhelfen, obgleich auch hier der Eindruck des Dauerverhaltens vergleichsweise günstiger ist als der Anblick im ersten Jahre. Diese Gemeinschaftsgärten haben nun beim Phlox die Aufgabe, die überall gedeihenden Standardsorten festzustellen, sie den Züchtern und Gartenfreunden vor Augen zu bringen und somit die Grundlage für den züchterischen Weiterbau auf diesen Passepartouts zu schaffen. Mit der wahren Veredlung und Mannigfaltigkeit Hand in Hand geht durch das Phloxreich auch die wachsende Kraftertüchtigung und vor allem deren Dauernachhaltigkeit. Dies bedeutet eine steigende Anwartschaft auf die kommende Volkstümlichkeit des Phloxes für die Gärten dreier Erdteile.

Der Phloxärger früherer Zeiten ist überwunden: Das Umfallen der Büsche bei Regensturm, das Brandig-, Fleckig- und Knittrigwerden der Farben bei Hitze, vorzeitiges Nachlassen der Wachstumskraft und Schönheit schon bei vier bis fünf Jahre alten Pflanzen, alles dies liegt hinter uns. Die farbenglühenden Blütenbälle auf ihren langen Stielen stehen in dichtgedrängten Horsten beieinander. Brachte früher eine Pflanze in drei oder vier Jahren nur fünfzehn bis zwanzig Stiele von Tischhöhe, so findet man jetzt die oft brusthohe Einzelpflanze im gleichen Alter zuweilen siebzigstielig. Die Zuchtarbeit erschloß schlummernde Vorräte stürmischer und wachsender Kraftentfaltung, die wir dieser Gartenpflanze früher nie zugetraut hätten. Aus einem Einzylindermotor wurde ein Achtzylindermotor von störungsfreiem Gang! Sehr ermutigend sind auch die Fortschritte innerhalb einer Menschengeneration, ja schon innerhalb weniger Jahre.

In der folgenden kleinen Liste stehen auf der linken Seite ältere Sorten, während die von ihnen abstammenden Sorten hiesiger Züchtungsarbeit auf der rechten zu finden sind:

Muttersorte	**Tochtersorte**
'E. Campell'	'Eva Foerster'
'Feuerspiegel'	'Flammenkuppel'
'Fliederball'	'Violetta Gloriosa'
'F. L. Steuben'	'Juliglut'
'Frau A. Buchner'	'Schneerausch'
'Frühlicht'	'Frauenlob'
'Füllhorn'	'Lachsjuwel'
'Lavendelwolke'	'Prospero'
'Loki'	'Spätrot'
'Nachbars Neid'	'Monte Cristallo'
'Pastorale'	'Roselin'
'Schneeberg'	'Schneeferner'
'Sommerkleid'	'Kirmesländler'
'Sternpyramide'	'Schaumkrone'
'Wiking'	'Bornimer Nachsommer'
'Wilhelm Kesselring'	'Wennschondennschon'

Die Bemühungen, einen blaublühenden Phlox zu schaffen, brachten die Sorte 'Violetta Gloriosa'. Ihre Lebenskraft ist erstaunlich.

Da wir hier keiner naiven Begeisterung, sondern einer anderen dienen, so sei noch weiter von den Phloxfehlern gesprochen, die zum Ausmerzen der von ihnen betroffenen Sorten führten. Manche Pflanze brachte große Dolden nur im ersten, vielleicht noch im zweiten Jahr, wurde aber später kleindoldig, wodurch auch die Proportion der Gesamterscheinung litt. Verblühte Einzelblüten blieben verblühend in der Einzeldolde sitzen, statt wie in edlen Sorten zu verschwinden. Die Gesamtpflanze schien zunächst in Ordnung, hatte aber spätestens im zweiten Jahr einige erkrankte Stiele. Vom dritten Jahr an sieht dann ein solcher, anfangs recht erfreulicher Bestand schon derartig morbide aus, daß man ihn ausmerzt. Manche Sorten zeigen in großen Hitzewochen ein Fälteln der Knospen, die sich nicht öffnen wollen. Drei bis vier Jahre alte Pflanzen einer Sorte, die zuerst gefallen hatte, verlieren durch Schwachwerden der kleinen Blütenstielchen die Fähigkeit, rechte Farbflächen zu bilden. Der ganze alte Busch ('Sweetheart') wird schließlich unscheinbar, während der ebenso alte Staudenbusch einer gleichfalls orangerosafarbenen Tochtersorte, genannt 'Koralle', weiterhin durch volle Schönheit auffällt.

Daß auch die Phloxdüfte alles in allem an Stärke und Schönheit zugenommen haben, sei hier noch tief atemholend erwähnt!

Viele andere hochsommerliche Blumendüfte leisten dem Phlox Gesellschaft: Madonnenlilien, Königslilien und Indianernesseln lassen ihre Düfte weit umherziehen und mischen sich mit dem Duft der Lavendelblüten. Phloxe und manche Rosen können abends so stark duften, daß die Wellen von den Beeten bis ins erste Stockwerk eines Landhauses hinaufduften.

Die Buddleiensträucher, auch Fliederspeer genannt, ziehen mit ihren frühlingshaften Tulpendüften und den spitzen lilafarbenen oder rosa Dolden Massen von Schmetterlingen an.

Dennoch beginnt im Juli mit ausbrechenden Glutzeiten jene Spanne des Jahres, in der man durch Hitze besonders kritisch gegen Gärten und Blumen wird, die uns ja in solchen erbarmungslosen Stunden nur schwer imponieren. Man ist wunderlich reizbar gegen alle Gartenunordnung und Ungeistigkeit. Der Geist will überall seine Herrschaft stärker am Werke und der Materie sein Siegel aufgedrückt sehen. Es ist gut, in solchen Zeiten viel über vorbeugende Verbesserungen im eigenen Garten nachzudenken, ebenso wie man bei düsterem Winterwetter die Farben seiner Wohnung gestalten oder ändern sollte. Die Blumen und ihre Anordnung wollen in solchen Hitzezeiten nicht leicht genügen. Wir wollen mit beiden höher hinaus, und nur die Hochqualitäten, wie wir sie mehr und mehr aus den Züchtereien dem Garten einfügen können, scheinen der Hitzemisere entrückt.

Vorliebe für gewisse Farben stellt sich ein, Abneigung gegen andere. Derbe Gelbs und bläuliche Rots werden tief verabscheut. Schöne, schwere, vergeistigte Rots, nachtdunkles Lila, tiefes Braun der Blutbuchen und anderer braunblättriger Gehölze werden bevorzugt und natürliches, reines Hell- und Dunkelblau stärker als je geliebt! Der vorbeugende Kampf gegen Hitzeschäden im Garten macht vielerlei Fortschritte. Unsere unterscheidende Kenntnis der großen und kleinen Gewächse, welche Hitze und Dürre gut vertragen oder dies durch Neuzüchtungen gelernt haben, nimmt zu.

All diese freundlichen Siegerpflanzen des Gartens, die sich derart hervortaten, lassen auch uns die Hitze im Garten besser ertragen. Welch einen Weg von großer Empfindlichkeit bis zum erstaunlichsten Ertragen haben viele Pflanzen in wenigen Jahrzehnten durchgemacht, wobei sowohl die Neuzüchtungen bekannter Arten wie auch Neueinführungen unbekannter Schätze halfen.

Die Hochqualität der Gartenpflanze ist es also, welche uns über die Hitze hinweghilft!

Vom Staudenrittersporn, der ja in kühlen Sommerzeiten oft noch den ganzen Juli durchblüht, soll hier noch einmal in anderer Weise gesprochen werden, als es bisher in unsern Gartenbüchern geschah. Die von hier ausgegangenen Ritterspornsorten haben sich in ganz Deutschland verbreitet, weil es sogenannte »Gebrauchssorten« sind, also Sorten von sehr zäher Ausdauer, bequemer Verpflanzbarkeit und guten Vermehrungsmöglichkeiten. Daneben kommen, bis auf wenige Ausnahmen, volle oder genügende Mehltaufreiheit, Regensturmsicherheit bei Schnurhalfteranwendung und Wegfall des Kerzenknickens hinzu.

Selbstverständlich werden neue, noch wirksamere Sorten vorbereitet und vor allem immer weiter die Ziele einer wachsenden Nachhaltigkeit der Kraftentfaltung bei langjährigem Verbleiben am alten Gartenplatz angestrebt! Was über diese Fragen sowie über die weißen und farbigen amerikanischen Rittersporne in der deutschen Fachpresse und auch in Büchern bisher gesagt wurde, geht an einem Kern der Sache vorbei: Daß Ritterspornpflanzen nach längeren Jahren am alten Gartenplatz an Kraftentfaltung nachlassen und Nachdüngung oder Verpflanzung verlangen, ist nur die *eine* Hälfte des Sachverhaltes; denn selbst unter den amerikanischen Ritterspornen haben sich schon größte Unterschiede bestimmter Typen in der Nachhaltigkeitsfrage gezeigt.

Der deutschen Ritterspornzucht kann nur angeraten werden, neben der Schönheitsfrage immer stärker die Fragen der steigenden Wetterfestigkeit und ausdauernden Vitalität im Auge zu behalten. Die Verbindung mit englischer Ritterspornzucht sollte bei uns im gleichen Maße gepflegt werden wie umgekehrt, auch wenn die englischen Prachtsorten zunächst oft Haltungsmängel in unsere Arbeit bringen, die langsam überwunden werden müssen. Internationalität ist und bleibt das große Stichwort des Gartenfortschritts!

Zum Schluß noch der kleine Hinweis, daß man besonders hohe Lebenskräfte und Dauerenergien der gewonnenen Sorten an Plätzen ärmeren Bodens oder trockener Lage erkennen lernt. Wir konnten auf solche Weise in unserem Boden die außerordentliche Natur mancher Sorten entdecken. Deutlich ist in der Ritterspornarbeit wie auf den anderen Staudengebieten die Zunahme der Kraftnaturen selbst beim jahrzehntelangen Aufbau auf den alten Stämmen zu bemerken.

Möchten recht viele dauererfahrene Beobachter aus aller Welt oft das Wort hierzu ergreifen. Bei dieser Gelegenheit wird man auch Näheres von neuen »ritterspornfähigen« Gegenden hören, denen man das ideale Gedeihen dieser Staude nie zutraute, zum Beispiel manchen Hochebenen Afrikas, aus denen wir begeisterte und illustrierte Ritterspornbriefe erhielten.

Die Steingärten oder steinlosen Kleingartenpartien oder auch die erhobenen Kleinstaudenrabatten des Juli im reichen Flor der Sommerhöhe zu sehen, ist ein Novum, das frühere Zeiten nicht kannten und noch gar nicht in ihren Plan aufnahmen. Der Steingartenflor war eben früher nur eine Frühlingsangelegenheit, die im Sommer längst ausgeschäumt hatte. Möge der steingartenkundige Leser bedenken, daß wir über den Sommersteingarten auch heute noch überwiegend zu Nichtkennern dieser fröhlichen und unerschöpflichen Weiterentwicklung reden. Es wird also nunmehr für den Steingarten selbstverständlich, im Sommer überraschend weiterzublühen! Wir wollen nicht auf diese feine sommerliche und herbstliche Gartenromantik verzichten.

Einzelne sehr lange blühende Pflanzen spielen eine besonders dankenswerte Rolle im Zustandekommen der ausdauernden Buntheit dieser kleinen Heldenwelt am Boden. Alle Erdteile mußten auch hier wieder ihre Beiträge liefern und unsern Augen ihre rätselvollen Geschenke darbringen. Jetzt, im Sommerflor, werden von all den Kleinstauden oft noch größere Entfaltungen von Kraft und Zähigkeit verlangt als im feuchteren Frühling. Der Flor der kalabrischen Silberblatt-Potentilla (oder besser: des Silberblatt-Fingerkrauts) in Sammetrot und in kaltem Gelb geht jetzt allmählich über in die glühendroten Farbenblitze des Scharlach-Fingerkrauts, dem sich höchst wirkungsvoll Missouri-Nachtkerzen, gleichfalls von wunderbar ausdauerndem Flor, der Scheckenknöterich, der Goldflachs und die sommerlichen Glockenblumen und Veronikaarten zugesellen. Bestimmte nicht erwünschte Nebeneigenschaften der Nachtkerze sind nunmehr durch die völlig unentbehrliche Züchtung 'Yellow River' erledigt. In die

Vom Missouri kommt diese Nachtkerze, *Oenothera missouriensis*, die hier neben dem europäischen Schleierkraut steht.

Das Ufer wird im Hochsommer vom Pfennigkraut, *Lysimachia nummularia*, beherrscht. An günstigen Stellen wächst es vom Land bis ins Wasser hinein.

Nepal-Fingerkräuter hat die Züchtung 'Flammenspiel' unerwartetes Leben gebracht.

Auch in die neu bereiteten und gesonderten Gartenplätze für den Hochsommerflor dieser kleinen Leute drängt immer Neues und Unerwartetes. Und so wird es in Zukunft mit allen Gartenbühnen und Gartenprovinzen gehen, die man sich erdenkt. Hier finden nun auch die Zwerg-Astilben in ihren frühen und späteren Formen von weißer und rosiger Farbe ihre Heimatstätte. Diese unbegreiflich leistungsfähigen Gebilde vertragen viel mehr Sonne und Dürre als die ganze übrige Astilbenwelt. In ihre Nähe passen die fußhohen roten Glöckchentürme der Heuchera, das liebenswerte blaue Baikal-Helmkraut, das im Frühherbst noch einmal blüht, und der Nachflor der Zwerg-Rittersporne. Der Julisteingarten ist auch der Ort der gefülltblühenden Felsennelken in Rosa und Weiß, welche Hand in Hand mit dem sammetblauen Griechenveilchen den Juli durchblühen, ohne Hitzeferien zu machen. Kleine und fußhohe Staudengräser in frischem Grün oder in mannigfaltigen bläulichen Tönen helfen auch hier wieder über Blütenlücken und Anblicke des Verblühens hinweg; in ihrer Nachbarschaft kommen auch silbergraue Töne vieler Teppichstauden, vor allem der kleinen Silbergarben, zu feiner Wirkung. Silbergrau und Blaugrün haben sich eben häuslich in Hitze und Trockenheit eingerichtet und machen ein Fest aus ihr, anstatt zu klagen.

Manchmal stehen für diesen Sommerflor in kleineren Gärten nur halbschattige Plätze zur Verfügung. Die Zahl der Stauden, die hier voll mittun, ist gleichfalls übergroß. An solchen Plätzen helfen dann die Astilben etwa zwischen kleinen Farnen ebenso gern mit, und auch der Kreuz-Enzian sorgt ein wenig für den Bergwaldcharakter der kleinen Pflanzung, den die Astilben schon andeuten. Auch der Kranz-Enzian, *Gentiana septemfida* var. *lagodechiana*, beginnt seinen vielwöchigen Flor, dessen Wirkung durch züchterische Bemühungen gesteigert ist ('Doeringiana').

Immer wieder ist es am Platze, zaghaften Gartenfreunden jede Ängstlichkeit auszureden. Sie werden späterhin ihr Zaudern kaum noch verstehen.

Im Ufergarten und selbst auch im Ufergärtchen, das ebensowenig wie der Steingarten ein Schmuck ist, den sich Besitzer kleinerer Gärten nicht leisten könnten, hat jetzt die Taglilie in hellgelben, orangeroten, samtbraunen und tiefgoldenen Farben den Schwertlilienflor abgelöst und beherrscht ganze Sommermonate. Hier ist noch zu der umgezüchteten großen japanischen *Iris kaempferi* zu raten, die nun auch ohne besondere Feuchtigkeit des Bodens gedeiht. Der hohe Sommertroll *(Trollius chinensis)* in seiner Edelzüchtung 'Golden Queen' setzt den Frühlingsflor der Trollius mit oft doppelt so hohen Gestalten fort, bis bestimmte Edelsorten des Frühlingstrolls, z. B. 'Goldquelle', 'Lemon Queen' und noch einige wenige andere wieder bis zum Herbst in Flor geraten, woran sich jedoch viele andere Sorten nicht beteiligen.

Phlox-Paniculata-Hybriden
Liste einer Leidenschaft

Zahlenangaben = Höhe des Blütenstandes in cm

1. Vollflor ab Anfang Juli

'Aida', amarantrot, 60
'Euphorion', weiß mit rotem Auge, 70
'Eva Foerster', lachsrosa, Auge weiß, 70
'Fesselballon', frischrosa, Auge dunkler, 80
'Frauenlob', chamoisrosa, dunkles Auge, 100
'Juliglut', leuchtendrot, 80
'Karminvorläufer', violettrot, 100
'Look Again', dunkelviolett, 100
'Prospero', hellila, 80
'Puderquaste', zartrosa Riese, 100
'Rosa Pastell', zartes warmes Rosa, 90
'Rotball', leuchtend karmin, 80
'Schneeferner', schneeweiß, 100
'Sommerfreude', warmrosa, 90
'Württembergia', dunkelrosa, 80

2. Vollflor ab Mitte Juli

'Brigadier', orangerot, rotes Auge, 70
'Düsterlohe', dunkelviolett, 120
'Feuerspiegel', brandrot, 80
'Flamingo', leuchtendrosa, dunkles Auge, 100
'Flammenkuppel', orangerot, 100
'Frau A. v. Mauthner', zinnoberrot, dunkles Auge, 90
'Furioso', kräftig amarantrot, 100
'Kirchenfürst', samtig karminrot, 100
'Lachsjuwel', warmes Lachsrosa, 80
'Landhochzeit', frischrosa, dunkles Auge, 140
'Le Mahdi', dunkelblau, 80
'Postorale', lachsrosa, 100
'Pax', reinweiß, 80
'Pünktchen', orangerot, Auge dunkler, 70
'Roselin', leuchtendrosa, 80
'Silberlachs', silberlachsfarben, 90
'Sommerglut', tiefrot, 90
'Sommerkleid', weiß mit rotem Auge, 90
'Starfire', signalrot, 80

3. Vollflor ab Anfang August

'Bornimer Nachsommer', lachsrosa, 140
'Dorffreude', rosarot, dunkelrot geäugt, 100
'Karminflut', kräftig karminrot, 80
'Kirmesländler', weiß mit rotem Auge, 100
'Monte Cristallo', reinweißer Riese, 120
'Orange', orangescharlach, 70
'Pax', reinweiß, 90
'Redivivus', lachskarmin, 70
'Schaumkrone', weiß mit rotem Auge, 100
'Spätlicht', lachsorange, 80
'Spätrot', lachsrot, 90
'Violetta Gloriosa', lilaweiß, 140
'Wunderhold', hellstes Rosa, 100

Astilben
in drei Blütezeitgruppen

Zahlenangabe = Höhe des Blütenstandes in cm

1. Blühbeginn Ende Juni
Astilbe-Arendsii-Hybriden
'Amethyst', purpurlila, 100
'Brautschleier', reinweiß, 70
'Fanal', granatrot, 70
Astilbe-Glaberrima-Hybride
'Sprite', zartrosa, 40
Astilbe-Japonica-Hybriden
'Bremen', dunkelrosa, 50
'Deutschland', reinweiß, 40
'Europa', hellrosa, 50
'Mainz', violettrosa, 50
'Montgomery', dunkelrot, 60
'Obergärtner Jürgens', karminrot, 50
Astilbe-Simplicifolia-Hybride
'Praecox Alba', weiß, 50

2. Blühbeginn Mitte Juli
Astilbe-Arendsii-Hybriden
'Anita Pfeiffer', tiefkarminrot, 70
'Federsee', karminrot, 60
'Grete Püngel', hellrosa, 80

Ein hohes Lob gebührt der gartenwilligen, spätblühenden Kriech-Astilbe, *A. chinensis* var. *pumila*. Sie wird nie lästig.

Unter den leuchtendroten Astilben fällt die Sorte 'Feuer' durch ihre besonders intensive Farbe auf.

'Hyazinth', lilarosa, 90
'Rotlicht', leuchtendrot, 70
'Spinell', rubinrot, 80
Astilbe-Japonica-Hybride
'Red Sentinel', rubinrot, 50
Astilbe-Simplicifolia-Hybriden
'Aphrodite', hellrot, 50
'Atrorosea', karminrosa, 50
'Bronce Elegans', hellrosa, 40
Astilbe-Thunbergii-Hybriden
'Prof. van der Wielen', weiß, 110
'Straußenfeder', karminrot, 100

3. Blühbeginn Anfang August
Astilbe-Arendsii-Hybriden
'Cattleya', karminrosa, 100
'Feuer', rubinrot, 80
'Glut', karminrot, 80
'Weiße Gloria', weiß, 100
Astilbe-Chinensis-Hybriden
'Finale', hellviolettrosa, 40
'Serenade', rosarot, 40
'Veronica Klose', purpurrosa, 40
Astilbe chinensis
var. *davidii*, purpurrot, 160
var. *pumila*, violettrosa, 40
var. *taquettii* 'Purpurlanze', purpurrot, 100
Astilbe-Simplicifolia-Hybriden
'Dunkellachs', rosa, 50

Spätsommer
August

Helenium-Sorten, auf die man von oben herabblicken kann, wie hier auf 'Rotkäppchen', sind für kleine Gartenräume besonders wichtig.

Der August, den wir den »schenkfreudigsten der Sommermonate« nannten, ist ein gewaltiges Wesen, dessen wahre Züge im Ringe des Jahres uns erst in sehr langem Natur- und Gartenleben aufgehen. Es gibt wohl nicht leicht einen Menschen, welcher den neuen Blütenreichtum dieses hohen Monats und die Hauptetappen des großen Steigerungsganges überschauen kann. Auch ist es der Monat grandioser Wolkenpracht über regungslosen, fruchtbeladenen Zweigen, der Monat warmer, fast südhaft anmutender Mondscheinnächte, die wir unserer Nordzone dankbar zurechnen. Und alles Sommergefühl auch an kühleren Tagen wird jetzt noch getragen von der Vorfreude auf den ebenso unabsehbar reichen September, der uns gleichfalls wochenlang mit vollster Sommerlichkeit sättigt und bis zu seinem Ende auch noch keinerlei Wandel im Sommergrün des Laubwerks gewahren läßt.

Wie können wir denn nun für den August im kleineren oder größeren Garten Vorsorge tragen, für den reichen Weitergang und Verwandlungsweg der Blütenwelt, deren Pracht und Fülle ja auch in diesem Monat für unsere Zeitläufte in keiner Weise abnimmt, sondern steigt, während doch in früheren Zeiten, auf die wir alten Menschen uns noch genau besinnen, der Augustmonat schon eine Zeit abklingender und verebbender Blumenschönheit ohne viel Wechsel und erregende Qualität gewesen ist.

August ist der Monat später Phloxsorten, die in ihrer hochwachsenden Fülle erst neueren Zeiten zugehören und der letzten Gruppe unserer Liste entsprechen. Sie verlangen die gipfelnde

Das Sonnenauge, *Heliopsis*, stammt aus den nordamerikanischen Prärien. Seine züchterische Veredlung erfuhr es in Europa.

Nachbarschaft von Malven und Eisenhut oder etwa von regelmäßig eingesprengten Trupps der hochwachsenden Gladiolen. Auch die hohen Silberkerzen sollten truppweise auftreten. Die neuen starken und milden Farben der Dahlien, welche den ganzen Monat beherrschen, haben uns gleichfalls abgewöhnt, in dieser Blume schon den Herbst nahen zu fühlen, – während es doch noch holde, hohe Sommerszeit ist.

Der August ist der Monat des großen Rosennachflors und der märchenhaften Fülle der Einjahrsblumen. Das alles scheint oft fast zu reich für den gleichen Garten, aber wir wollen ja auch in den anderen Gärten, an denen wir in ungezählten Fällen tiefer und eindringlicher teilnehmen, als ihre Besitzer je ahnen können, immer wieder andere Schönheit am Werke sehen; welche Gartenerlebnisse haben wir häufig aus fremden Gärten mitgenommen, darunter auch aus kleinen Lauben- und Dorfgärten, Vorgärten, Gutsgärten, unvergessene Zaubereien der kleinen Örtlichkeiten und ihrer reizvollen Bepflanzung.

Späte Astilben und Rittersporne blühen noch in den August hinein. Wem es um die so wichtige tiefblaue Würze der Buntheit zu tun ist, der kann jetzt mit dem Flor der Enziansalbei rechnen, deren Knollen sicher wie Dahlien durchwintern. Zu viel von dieser etwas mehr als fußhohen Dauerspenderin des reinsten Blaus sah man nirgends, doch überall zu wenig! Man sucht auch oft vergeblich nach den blauen Teppichen der Lobelien, die wir alle schon in unserer Kindheit so liebten.

August ist schließlich der Monat der gelben und sammetbraunen Blütenorgien. Jetzt haben die Helenium ihre beginnende große Zeit, wie auch die hohen Fallschirm-Rudbeckien und die Riesenligularien. Seit es die große goldgelb blühende *Ligularia* × *hessei* gibt, die Königsligularie, mit ihrem breiten, ornamentalen Blattbusch, aus dem übermannshohe Kerzen hervorschießen, kann man den wuchernden Riesenhuflattich ein für allemal aus den Gärten verabschieden, die er ja außerdem in Trockenzeiten noch durch ein Schlappwerden der Blätter verunziert. während die genannte Riesenligularie auch hierin nur reinste Freuden bereitet, eine rechte Wappenblume des August! Ihre wahre Schönheit entsteht erst im zweiten Jahr nach der Pflanzung wie bei unzähligen Stauden, denen wir vom zweiten Jahr ab unsere Ungeduld abzubitten haben. Aber man fällt immer wieder darauf herein und wundert sich dann später über die grundlegende und verwandelte Qualitätserhöhung des durchgereiften Anblicks.

Unverzichtbar für einen Hochsommergarten ist der Staudensonnenhut *Rudbeckia* fulgida var. *sullivantii* 'Goldsturm'.

Die König-Ligularie, *Ligularia × hessei* ist im Hochsommer dankbar für jeden zusätzlichen Wasserguß.

Unsere Liste der gelben Riesen, welche ja auch Helenium umfaßt, bewahrt wieder einmal vor den halbguten Dingen früherer Zeiten, die sich noch überall herumtreiben. Der ganze August und September wird aber noch von drei neueren edlen kniehohen Stauden erfüllt, nämlich der großblumigen *Coreopsis grandiflora* 'Badengold', deren Blütenumriß an manche Wandtelleruhren aus dem Barock erinnert, und weiter der schönen *Ruidbeckia fulgida* var. *sullivantii* mit ihren goldgelben, schwarzgesternten Strahlenblumen; wir zählten wohl an dreihundert Blüten von makelloser Schönheit an einer vierjährigen Pflanze. Und schließlich ist da noch die gefülltblühende *Rudbeckia laciniata* 'Goldquelle', gewissermaßen eine tischhohe Veredlung der alten mannshohen Goldball-Rudbeckie, beide vom Juli her noch in Vollflor. Wunderbar wirkt in der Nachbarschaft der vielen gelben und braunen Stauden der große, nicht wuchernde Blaustrahlhafer, *Helictotrichon sempervirens* 'Pendula' mit seinen im Alter meterbreiten, anderthalb Fuß hohen Strahlenbüschen.

In den Steingartenpartien oder in den Kleinstaudenbeeten des August ist noch und schon reges Blütenleben. Der Goldflachs mit seinem hochedlen Gelb läßt sich gern vom Himalaja-Fingerkraut rot umglühen und liebt dann als Nachbarstauden das Baikal-Helmkraut, das Alpen-Helmkraut und den Narbonnenflachs, auch wohl den Nachflor des sammetblauen Griechenveilchens. An diese Gesellschaft rückt man gern die rubinroten oder kaltgelben Sonnenröschen, die mit mäßigem oder sehr langem Nachflor aufwarten, der jedoch seine Wirkung tut. Und auch das Charlottenveilchen gerät in duftenden Nachflor, wenn's echt ist. Alles im Garten und Leben scheint durchwirkt von wunderlichen Verfrühungen und Verspätungen. Die großen chinesischen Ballonglocken des *Platycodon* in drei Farben finden Plätze an Steingartenrändern oder in anderen Naturgartenpartien. Weiße Zweiglein der würzig duftenden, unverwüstlichen Bergminze hängen in die rosa Kissen des Leimkrauts, *Silene schafta* 'Splendens'; dalmatinische Teppich-Glockenblumen lassen den August nicht ohne Blüten vorüber. Immer noch blühen die Karthäusernelken neben den hellrosa Polstern der getreuen gefüllten Tunika, die mit den Griechenveilchen zu den erstaunlichsten Dauerblühern der Kleinstaudenwelt gehört. Die frühesten Herbstzeitlosen, *Colchicum speciosum* var. *bornmuelleri*, sind gleichfalls rechte Augustgeschenke. Manche Herbstzeitlosen-Blütenmassen scheinen oft wahrhaft aus dem Boden herausexplodiert, ganz wie manche Pilze, prächtige Symbole dafür, daß die Natur über alle Ermüdung lacht!

Ihren Namen erhielten die Herbstzeitlosen zu Recht. Beinahe unwirklich erscheinen ihre blattlosen Blüten am Ende des Sommers.

Unter den kleinen Dauergewächsen für entsprechende Garten- oder Beetpartien, vor allem aber auch für zusammenfassende Vegetationsgesellschaften aller Schätze der Heidegewächse, ist natürlich der August schon großer Anfangsmonat, denn jetzt erblühen die zehn schönsten Edelsorten der Heidekräuter in weißen und rosenroten Tönen, mit einfachen oder gefüllten Blüten. Vom Sommer her steht noch die längstblühende aller Heidekrautarten in Flor, *Erica vagans* in Rosa, Weiß und auch in Lachsrosa. Im Gegensatz zur Gartenschar aller anderen absolut harten Heidekräuter, also der *Erica herbacea* und *Calluna vulgaris*, braucht jene Heide eine ganz leichte, trockene Winterbedeckung; in den meisten Wintern hat sie diese nicht nötig, doch muß man ja auch schwersten Wintern vorbeugen. Reizende Nachbarn des Heidekrautwesens sind Glockenblumen. Da man nun aber unsere wilde Wiesenglockenblume, *Campanula rotundifolia*, nicht sehr gern in die Gärten nimmt, weil sie durch Sämlinge Unordnung bringt, so bleibt als Nachbar eigentlich nur die Karpatenglocke übrig, und zwar in ihrem langen Nachflor, welcher durch rechtzeitiges Wegschneiden verblühter Reste aus der ersten Florzeit entsteht. Zur Nachbarschaft der Calluna, die auch in die Wildnisgartenkunst selbst kleinerer Gartenräume paßt, wählt man gern Zwergginster, heimischen Wacholder oder Säulenwacholder. Man setzt am besten drei oder fünf ungleich hohe Exemplare des Wacholders. Der Säulenwacholder leidet bei Schatten auf die Dauer ernstlich, aber der wilde verträgt ihn. Doch gehört in den Heidegarten des August noch ein großer Sommerginster, nämlich der Binsenginster, welcher von Juli bis Ende August blüht. Dieser sehr edle Ginster, *Spartium junceum*, friert in schweren Wintern zurück wie manche hochgeschätzte Kletterrose, ergänzt sich dann aber kräftig von unten her. Wir trafen ihn auf dem Vesuv, wo seine Büsche so mächtig waren, daß man sich vom Pferde aus ein paar Saatschoten zur Weiterzucht greifen konnte.

Die kleinen Silberflechten, die man oft am Grunde des wilden Heidekrauts zwischen rosa gefüllten Becherpilzen sieht, regen uns an, sie mit der niedrigen rosablütigen Staudenimmortelle, *Antennaria dioica* 'Rubra', zu durchpflanzen und ihr auch sonst einmal kräftige silbergraue Nachbarn zu geben wie etwa die Silber-Immortelle, *Anaphalis triplinervis*.

Die Wildnisgartenkunst erlaubt uns auch die Einschmelzung so mancher Pflanzenart in Vegetationsbilder, die wir feiern wollen, auch wenn jene Pflanze in den Vegetationsgenossenschaften nicht vorkommen. So haben wir die Alpenaster des Frühlings schon horstweise zwischen

Das Garten-Reitgras, *Calamagrostis × acutiflora* wuchert nicht und wird nie lästig, ein wirkungsvoller Nachbar für das Herbst-Sedum.

Im August beginnt der blau-, weiß-, rosafarbene Berg-Asternflor. *Aster amellus* 'Rosa Erfüllung' blüht bis in den Oktober hinein.

Der Netzblattstern, *Coreopsis verticillata*, verdient höchstes Lob als zuverlässiger Dauerblüher an sonnigen Gartenstellen.

Heidekräuter gepflanzt, waren stolz auf dies wirksame Wagnis, weil doch die Herbstastern Europas nicht nur Berg-, sondern auch Heidegewächse sind. Später stellte sich heraus, daß die Alpenaster in Heidekrautgegenden tatsächlich als Relikt ferner Vergangenheit vorkommt. Man wählt also sehr frühe, kleinblütige Aster-amellus-Sorten oder hilft sich mit niedrigbleibendem Erigeron ('Mrs. Beale'), um auch im August schon zu seinem Ziel zu kommen. Auch Wetterdisteln passen in diese Pflanzennachbarschaft. Wenn man eine Pflanze züchterisch jahrzehntelang verfolgt, dann zeigen sich schließlich ganz unerwartete Eigenschaften an ihr. So brachte die Wetterdistel hier einen neuen Typ mit bronzefarbenem Laub hervor, was der Pflanze ausgezeichnet steht. Die üppigen Polster der Schneeheide in ihren Farbensorten sind schon im August dicht überflimmert von Knospenmassen des fernen, kommenden Frühlings.

Es ist hier auch lebhaft der fußhohen *Coreopsis verticillata*, die wir Netzblattstern tauften, zu gedenken, zumal sie acht Wochen des späten Sommers durchblüht, – eigentlich ein ganz reizendes kleines Ding, über das sich wohl noch niemand genügend aufgeregt hat! Man kann es nie genug wiederholen: Jede Farbe einer Blume lebt von einer anderen, und selbst Blütenreste beider Nachbarn haben sich noch etwas Schöneres zu erzählen, als jede allein im Hauptflor berichtete. Man kann den Anfängern und den Könnern, den Frauen und Kindern, den Gelehrten und den Künstlern in ihren Gärten und ihren Gärtchen nie genug mit Tabellen und neuen Vorschlägen zur Hand sein! Arbeite einmal nach der hier eingestreuten Tabelle aller auffallend laubschönen Stauden und benachbare oder durchflechte immer je drei Pflanzenarten miteinander. Es wartet hier eine wahre Juwelenschönheit auf unsere Augen, die wieder ganz andere Wege geht als die Blütenschönheit, die noch dazu kommt. Solch eine Pflanzung paßt oft weniger in einen Steingarten als in schmale Kleinstaudenrabatten. Beachte die Liste der Langeblüher, Dauerblüher, Öfterblüher, ganz besonders in der zweiten Hälfte des Gartenjahres! Ist doch der Steingartenflor im Sommer und Herbst von wohltätigen Kräften erfüllt, die sich in der Hauptreisezeit auch für den Zuhausebleibenden oder Zurückkehrenden äußern. Dem einen mindert er die sommerliche Reisesehnsucht, dem andern bereitet er einen warmen Empfang. Wir danken dem Garten, der ja Lebensfülle aller Erdfernen vereinigt, eine Schutzimpfung gegen das Fernweh.

Es ist kein Ende der Aufzählung aller möglichen Schon- und Nochblüher des August. Das duftende wilde Alpenveilchen unserer Hochgebirge blüht durch den ganzen Monat, wobei ihm zuletzt das zwanzig Zentimeter hoch werdende efeublättrige Alpenveilchen Gesellschaft leistet, das auch an ungünstigen Gartenplätzen seine Kostbarkeit unverwüstlich durch ein Jahrzehnt und länger dahinträgt. Noch blüht der rote Waldmeister mit dem Raubtiergeruch, der schon vom Mai an Rätsel aufgibt und nach dem Dufte suchen läßt.

Welch eine Wandlung, nun auch vor dem reichen spätsommerlichen und herbstlichen Weiterflor des Kleinstaudenreiches zu stehen! Uns ist alles hochwichtig, was die Grenzen bisherigen Blühens im Leben und Garten immer weiter hinausschiebt und auch dort lauter aufsteigende Linien hervorbringt, wo früher nur abklingendes Leben mit kargen Schlußakkorden zu finden war. Wir brauchen nun einmal diese überraschenden, zauberischen Schönheitswelten für unser innerstes Wesen und Wachstum, und zwar in größter Vielartigkeit, – ganz so wie unser Körper das Zusammenspiel vielartiger Vitamine nötig hat.

Auch der menschenverbindenden Kraft der Blumenfreuden ist zu gedenken, welche Nähe und Ferne umgreifen und eine wortlösende Macht besitzen.

Langspielplatten, Dauerblüher, Langeblüher, Öfterblüher

römische Zahlen = Blühmonate,
arabische Zahlen = Wuchshöhe in cm

Achillea filipendulina 'Coronation Gold', Gold-Garbe, VII–IX, 70
– – 'Goldplatte', höher und großblumiger, VII–IX, 120
– *millefolium* 'Sammetriese', rote Schaf-Garbe, VII–IX, 80
– *ptarmica* 'Die Perle', weiße Edel-Garbe, VI–IX, 60
Aconitum henryi 'Spark', dunkellila Eisenhut, VII–IX, 120

Als Herbst-Alpenveilchen hat *Cyclamen hederifolium* einen festen Platz in den Steingärten und Halbschattenbeeten der Pflanzenkenner erhalten.

'Karpatenkrone' nannten wir diese silberblaue, kompakt wachsende Karpaten-Glockenblume, *Campanula carpatica.*

Chrysanthemum maximum 'Juno' begleitet als »Langspielplatte« die Rittersporne am Anfang und Phloxe noch am Ende ihrer Blütezeit.

Das Teppich-Fingerkraut, *Potentilla crantzii* 'Goldrausch' kennt von Mai bis Juli kaum eine Pause in der Blütezeit.

Anemone hupehensis 'Splendens', lebhaft purpurrosa China-Anemone, VIII–IX, 80

–Japonica-Hybride 'Honorine Jobert', weiße japanische Herbst-Anemone, IX–X, 120

––'Königin Charlotte', rosafarbene Sorte, IX–X, 100

––'Pamina', hell weinrot, IX–X, 70

–tomentosa 'Robustissima', rosarote Sommer-Anemone, VIII–IX, 100

Aquilegia alpina 'Superba', tiefblaue Akelei, V–VI, 60

– Hybride 'Mac Kana Riesen', langgespornte Schmetterlings-Akelei, V–VII, 80

Aster amellus 'Veilchenkönigin', Berg-Aster, dunkelviolett, IX–X, 40

– novi-belgii 'Dauerblau', dunkellila Glattblatt-Aster, IX–X, 150

Brunnera macrophylla 'Blaukuppel', tiefblaues Kaukasus-Vergißmeinnicht, III–V, 40

Campanula carpatica 'Karpatenkrone', Karpaten-Glocke, silberblau, VI–VIII, 20

– *poscharskyana* 'Stella', Hängepolster-Glocke, VI–X, 15

Centaurea dealbata 'Steenbergii', Rote Kornblume, VI–VIII, 80

Centranthus ruber 'Coccineus', Spornblume, karminrot, VI–IX, 50

Chrysanthemum-Indicum-Hybride 'Rotfuchs', ziegelrote Winter-Aster, VIII–X, 80

–*leucanthemum* 'Maistern', Wiesen-Margerite, weiß, V–VI, 50

– *maximum*, Sommer-Margerite in vielen Sorten, weiß, VI–VIII, 80

– *zawadskii* var. *latilobum* 'Septemberrose', frischrosa Spätsommer-Margerite, IX–X, 80

Chrysogonum virginianum, Goldkörbchen, gelb, VI–IX, 30

Coreopsis verticillata, Netzblattstern, goldgelb, VI–IX, 40

Corydalis lutea, Gelber Lerchensporn, IV–X, 20

Delphinium-Belladonna-Hybride 'Atlantis', Belladonna-Rittersporn, tiefviolett, VI–VIII, 80

Dicentra eximia, Zwerg-Herzblume, rosarot, V–IX, 20

Erigeron-Hybride 'Dominator', dunkelvioletter Feinstrahl, VI–IX, 60

––'Karminstrahl', VI–IX, 60

Eriophyllum lanatum, Goldaster, goldgelb, VI–VIII, 30

Eryngium planum 'Tetrablau', Mannstreu-Distel, VI–IX, 80

Gaillardia-Hybride 'Burgunder', Kokardenblume, tief weinrot, VII–IX, 70

Geranium cinereum 'Ballerina', Zwerg-Storchschnabel, lilarosa, VI–VIII, 15

– *endressii*, Pyrenäen-Storchschnabel, frischrosa, V–VIII, 40

– *sanguineum* 'Album', Schnee-Storchschnabel, weiß, VI–VIII, 30

Geum coccineum 'Feuermeer', orangerote Nelkenwurz, V–VII, 30

Gypsophila paniculata 'Bristol Fairy', weißes gefülltes Riesen-Schleierkraut, VII–IX, 100

––'Rosenschleier', rosa gefülltes Schleierkraut, VI–IX, 40

– *repens* 'Rosa Schönheit', rosa Teppich-Schleierkraut, V–IX, 10
Helianthemum-Hybriden, Sonnenröschen, in vielen Farbsorten, alle VI–VIII, 15
Heliopsis helianthoides var. *scabra* 'Mars', goldgelbes Sonnenauge, VII–IX, 140
– – – 'Sommerzwerg', ebenfalls goldgelb, VII–IX, 50
Lathyrus latifolius, rankende Staudenwicke, rosa, VII–IX, 200
Lavatera thuringiaca, rosa Busch-Malve, VII–IX, 150
Linum narbonense, enzianblauer Narbonnen-Flachs, V–VIII, 40
Lysimachia punctata, Gold-Felberich, goldgelb, VI–VIII, 80
Lythrum salicaria 'Robert', Blut-Weiderich, karminrot, VI–VIII, 70
Malva moschata, rosa Moschus-Malve, VI–IX, 60
– – 'Alba', weiße Form, VI–IX, 60
Monarda-Hybriden, Indianernessel, in vielen Sorten, VI–VIII, 100
Myosotis palustris 'Thüringen', Sumpf-Vergißmeinnicht, V–VIII, 30
Nepeta faassenii, lilablaue Katzenminze, V–IX, 30
Oenothera missouriensis, Missouri-Nachtkerze, VI–IX, 20
Polemonium × *richardsonii*, Himmelsleiter, himmelblau, V–VII, 50
Polygonum affine 'Superbum', Schecken-Knöterich, weiß/rosa/rot, VI–X, 20
Potentilla crantzii 'Goldrausch', Teppich-Fingerkraut, goldgelb, V–VII, 10
– *nepalensis* 'Flammenspiel', Nepal-Fingerkraut, gelb/rot, VII–IX, 40
– – 'Roxana', eine lachsrosa Form mit rotem Auge, VII–IX, 40
– *recta* 'Warrensi', kanariengelbes Fingerkraut, VI–IX, 40
Prunella grandiflora, Braunelle, in mehreren Farben, VI–VIII, 20
Rudbeckia fulgida var. *deamii*, goldgelber September-Sonnenhut, VIII–X, 80
– – var. *sullivantii* 'Goldsturm', August-Sonnenhut, goldgelb, schwarze Mitte, VII–IX, 70
Salvia × *superba*, Salbei, in mehreren Sorten, blau, VI–IX, 40
Scabiosa caucasica, Kaukasus-Skabiose, mehrere Sorten, blau und weiß, VI–X, 80
Sedum telephium 'Herbstfreude', hohes Herbst-Sedum, rostrot, IX–XI, 50
Tradescantia-Andersoniana-Hybriden, Dreimasterblume, in vielen Farbsorten, VI–IX, 40
Viola cornuta 'Blaue Schönheit', reinblaues Hornveilchen, V–IX, 10

Das Herbst-Sedum, *S. telephium* 'Herbstfreude' verlockt zu gehäufter Anpflanzung, doch sollte man es auch einmal solitär wirken lassen.

Man sieht es dem Silberährengras, *Achnatherum calamagrostis*, an, daß es auf warmen Geröllhalden der Südalpen zu Hause ist.

Die Eltern des Eulaliagrases, *Miscanthus sinensis* 'Gracillimus' wachsen in den Flußtälern Chinas und werden dort zimmerhoch.

Langspielplatten aus dem Gräserreich

Achnatherum calamagrostis, Silberährengras, VI–X, 80
Bouteloua gracilis, Moskitogras, VII–IX, 30
Calamagrostis × acutiflora 'Karl Foerster', Garten-Sandrohr, VII–XII, 160
Chasmanthium latifolium, Plattährengras, VIII–X, 80
Deschampsia cespitosa, Rasen-Schmiele, VI–X, 140
Festuca scoparia, Bärenfell-Schwingel, VI–IX, 25
Miscanthus sinensis, Chinaschilf, in vielen Sorten, IX–XII, 200
Molinia caerulea, Pfeifengras, in mehreren Sorten, VII–XI, 80
Sesleria autumnalis, Herbst-Kopfgras, VIII–X, 50
Stipa capillata, Büschel-Federgras, VII–IX, 80

Stolze Vertreter der Riesenstauden sind die hohen Fallschirm-Rudbeckien, *R. nitida* 'Herbstsonne'.

Mit »Stern-Ligularie« ist ein treffender »fast deutscher« Name für diesen prächtigen Halbschattenblüher gefunden worden. (Mitte)

Diese Riesen-Ligularie, *L. × hessei* verlangt nach ebenso raumgreifenden Nachbarn. Hier ist es der Riesen-Miscanthus, *M. floridulus. (unten)*

Gelbe Riesenstauden des Hoch- und Spätsommers

römische Zahlen = Blühmonate,
arabische Zahlen = Wuchshöhe zur Blütezeit in cm

Achillea filipendulina 'Goldplatte', tiefgelbe Riesen-Garbe, VI–VIII, 120
Helenium-Hybride 'Goldrausch', hohe, goldgelbe Sonnenbraut mit brauner Scheibe, VIII–IX, 140
– 'Kanaria', Sonnenbraut, goldgelb, VIII–IX, 120
– 'Septembergold', leuchtend gelbe Spätsorte, IX, 120
Helianthus decapetalus 'Meteor', Stauden-Sonnenblume, goldgelb, halbgefüllt, VIII–IX, 150
– *rigidus* 'Miss Mellish', Stauden-Sonnenblume, gelb mit schwarzbrauner Scheibe, VIII–IX, 160
– *salicifolius*, Papyrus-Sonnenblume, gelb, IX–X, 250
Heliopsis helianthoides var. *scabra* 'Goldgefieder', Sonnenauge, dunkles Goldgelb, gefüllt, VII–IX, 120
– – 'Hohlspiegel', goldorange, halbgefüllt, VII–IX, 120
– – 'Mars', goldgelb, großblumig, VII–IX, 140
– – 'Spitzentänzerin', tiefgoldgelb, halbgefüllt, VII–IX, 150
Inula helenium, Alant, gelb, kräftige Wildstaude, VII–VIII, 180
– *magnifica*, Kaukasus-Alant, orange, VII–VIII, 160
Ligularia dentata, Stern-Ligularie, mehrere Sorten, goldgelb, VII–VIII, 120
– × *hessei*, Riesen-Ligularie, goldgelb, VIII–IX, 160
– × *palmatiloba*, Palmblatt-Ligularie, tief goldgelb, VII–VIII, 180
– *stenocephala* 'Weihenstephan', Kerzen-Ligularie, goldgelb, VII–VIII, 180
Rudbeckia nitida 'Herbstsonne', Fallschirm-Rudbekkie, goldgelb, VIII–IX, 200
– – 'Juligold', frühblühende Variante der vorigen, VII–VIII, 180
Solidago-Hybride 'Goldtanne', leuchtend gelbe, späte Goldrute, VIII–IX, 180
– 'Goldwedel', goldgelb, VII–IX, 100
Verbascum pyramidatum, Pyramiden-Königskerze, strahlend gelb, ausdauernd, VII–IX, 180

Nachsommer
September

Im September bestimmen neben den Stauden
die Gladiolen und Dahlien
das Bild der Gärten.

Der September war in den Gärten unserer Voreltern, soweit es sich nicht um Fruchtgärten handelte, noch ein armer und wesenloser Gartenmonat. Auch in die Landschaft und Atmosphäre dieses Monats hat die Dichtung und Malerei verhältnismäßig wenig hineingeleuchtet. Es ist seltsam, daß wir Heutigen, die wir durch die größten Stürme der Weltgeschichte gehen, dennoch von wachsender Empfänglichkeit für die Herrlichkeiten solchen Monats in Natur und Garten erfüllt sind. Auch hier wieder reichen sich Altes und Neues die Hände zum Bund, der aber vom Kunstgeist des Menschen noch recht ungefeiert scheint.

Die strahlend bunte Blütenwelt des Septembergartens bildet mit Wetterstimmungen von unbeschreibbarer Stille und Reife der Natur Einheiten von einer feinen Ausrundung und Würze, daß man Garten und Himmel solcher Stunden nie vergessen kann. Da liegt nun solch Himmel in grenzenloser und doch leise durchflammter Stille der Abendwolkenbilder über dem Garten und wird aufgefangen vom Nachflor und vom Spätflor der brusthohen, duftenden Phloxe und den samtbraunen makellosen Büschen des Helenium, die gleichsam ein tropisch durchgereiftes Gelb darstellen. Die späten Phloxe verlängern den Spätsommer in den Nachsommer hinein und waren doch in den langen sommerlichen Phloxzeiten auch schon Gegenstand der Vorfreude. Mit einer Spannung, die früheren Zeiten unvorstellbar war, blickt man in die hohen, üppigen, noch grünen, aber schon von manchen Knospen überflimmerten

'Judith' gehört zu den zuverlässigen Kissen-Astern, *(Aster dumosus)*. Ähnlich bewährt haben sich 'Jenny' und 'Silberteppich'.

Büsche der Staudenastern; es warten so viele neue und edle Farben darin, ganz andere als die bloß müden, verweinten Lilablaus oder die gewohnten blauroten und blaurosa Töne: warmes Lachsrosa, edelstes Silberblau, tiefes Rubinrot gehören nun dem großen Buchasterflor des September an, unterstreichen nicht nur die Kostbarkeit unzähliger später Wetter- und Lichtstimmungen dieser langen Zeit des Jahres, sondern berühren sich oft auch mit der nachsommerlichen Magie des Lichts. Der Ausruf eines Besuchers vor der Aster 'Rosenquarz' gibt davon Kunde: »Darüber liegt ja ein wahres Engadinlicht!«

Schnell überblickt man eine ideale Sortenliste, – aber wie viele Jahre leidenschaftlichster Sichtungsarbeit bildeten die Voraussetzung. Beneidenswert nenne ich die Leser, denen dies alles in die Hände gespielt wird, wodurch sie nun über einen ungeahnten Nachsommer- und Herbstschatz verfügen. Herbst ohne Ende mußten wir durchleben, um unter der Vielzahl der Asterngesichte *das* herauszufinden, was uns nie langweilig wurde, gute, genügend straffe Haltung bewahrte, in Regenwetter, Herbstfrost und Dürre nicht »struwwelte« und ausgesprochen starkwüchsig blieb.

Um einen neuen Zug im Antlitz dieses und des nächsten Monats haben auch die Kissenastern den Garten bereichert. Von Mitte September bis tief in den Oktober währt der Kissenasterflor, während die Berg- und Heideastern den ganzen September und beinahe den ganzen Oktober hindurch blühen. Das ist alles vielartiger in seiner Architektur und berechenbarer im Raume geworden. Man kann aus Farben Räume bauen, terrassieren und verschränken. Doch erst das erhobene Pflanzenmaterial unserer Tage lockt so recht dazu. Um schnell in die feinsten Wirkungen hineinzukommen, braucht man als Hilfsgerüst die neuen Tabellen der Blütezeitgruppen und Größenordnungen.

Die gelbe Farbe feiert auch in diesem Monat weiter ihre großen Feste. Noch währt der leuchtend hellgoldgelbe Flor der Fallschirm-Rudbekkien, deren Blüten man breiter gespannte Schirme anzüchtete ('Goldschirm'), und läßt sich vom Weiterflor der späten sammetbraunen und altgoldenen Helenium begleiten. Die allerspätesten Goldrauten sorgen für die nötigen Harfentöne zwischen all der Bläsermusik.

September ist schon der erste Monat jener schönsten großen Staudensonnenblume, die es noch zu keinem deutschen Namen gebracht hat, obwohl ihr feiner Melonenduft darum wirbt. Im Jahr nach der Pflanzung wächst dies hochedle Gebilde manchmal etwas schlackerig, was sich – wie bei so mancher Staude – vom zweiten Jahr an völlig ändert. Erstaunlich, wie gerade dieses erlesene Sonnenblumenwesen als Wildstaude eines fernen Landes in den anspruchsvollsten Blumenläden der Weltstädte als hochgefeiertes und haltbares Schnittblumengeschenk angesehen wird *(Helianthus atrorubens)*.

Es ist nicht auszuschöpfen, welche ganz besonderen Gaben der September für uns im Garten bereit hält. Aber wie wichtig ist es, jeder Spanne des Gartenjahres alle ihre Naturgaben anzurechnen und sich jene wachsenden Reichtümer nicht durch Schwächen des Gedächtnisses verwischen zu lassen!

Die Verwendung der gelben Farbe hat ihre tiefen Gesetze, aus deren Beachtung sich unerwartete Möglichkeiten ergeben. Sie darf vor allen Dingen nicht regellos und zufällig durch andere Farben hin verstreut werden, sondern soll in deutlichen Zusammenfassungen und klaren Rhythmen verteilt werden, wobei man ihr zur Überleitung in andere Farben gern die Nachbarschaft brauner oder auch orangefarbener Töne gibt und diesen wieder das erwähnte Stahlblau-

Die Goldstern-Rudbeckie beherrscht das Bild
zum Sommerausklang, unterstützt von der einjährigen
Bechermalve, *Lavatera trimestris*.

Auf frischen, leicht sauren Pflanzplätzen
fühlt sich der Herbst-Enzian
Gentiana sinoornata am wohlsten.

grün des Blaustrahlhafers vorlagert, dieses bedeutsamsten aller Blaugräser. Immer reicher wurde auch allgemach der Bestand edler Pflanzen an sehr zarten gelben, hellschwefelfarbenen und elfenbeinernen Tönen. Ebenso wird auch das Orangerot und Sammetbraun von neuen Pflanzenarten und Jahreszeiten geliefert. Es geht durch das Reich des Vorfrühlings, der Kleinstauden des ganzen Jahres, der Schwertlilien, Tulpen, Lupinen, Rosen, des Heleniums wie auch der Dahlien und Gladiolen. Also eröffnet sich für empfindsame Augen ein neuer, unermessener Spielraum, dem großen Farbgrundton Gelb zu seinem feinsten Rechte zu verhelfen.

Im September steigt auch noch einmal eine blaue Welle im Garten empor: der Nachflor des Rittersporns, soweit dieser in gesundbleibenden, nicht mehltaubehafteten Sorten gepflanzt und durch rechtzeitigen Rückschnitt, also gleich nach dem Verblühen, zu seinem zweiten Flor gelangte. Die zweite Quelle starken Septemberblaus ist die japanische Prachtwinde, die noch lange mit großer Blütenfülle aufwartet und ihr erschreckend schönes Blau in zehn Zentimeter breiten Blüten entfaltet. An meinem Wasserbecken steht ein jahrzehntealter Zwergahorn, meterweit schräg über die Wasserfläche geneigt, auf welcher Wasserrosen schwimmen. An einer über ihn geworfenen, an beiden Ufern befestigten Schnur schwingen sich monatelang diese blauen Ranken in den Busch hinauf, über dem Wasser schwebend und sich in ihm spiegelnd. Will man sie nach dem Vorbild von rankenden Winden im Schilf nun im Garten an den mäch-

Im Spätsommer beherrscht der Wasserdost
Eupatorium purpureum 'Glutball'
den Senkgarten in Potsdam-Bornim.

tigen Gräserbüschen des Riesen-Miscanthus emporranken lassen, so muß man die Ranke der genügend abgerückten Pflanze an einem von Seitenblättern abgestreiften Halm zum Klettern bringen. Das gleiche gilt von der Berankung der ebenfalls bis zu drei Meter hohen Staudensonnenblume *Helianthus giganteus*. Im Süden rankt diese Winde mit tropischer Kraft bis zu halber Zypressenhöhe. In unserer Nordwelt beginnt sie jetzt an unzähligen Stellen ihren Siegeslauf. Auch in Balkonkästen kann die Pflanze ihr tolles Leben führen und auch noch die Saat fürs nächste Jahr und für die Nachbarn zur Reife bringen, wenn man sie mit ihren Kästen an eine gegen Oktoberfröste geschützte Stelle rückte.

Die Welt des Dahlienreichs überrascht uns mit immer neuen Wundern von Pracht und Erlesenheit und vor allem von malerischer, weit durch den Garten hin wirkender Schönheit. Diese kraftvollen Gestalten tragen ihre Blumenhäupter schön nach oben gewandt, ohne alle Kopfhängerei. Eine Fülle von Sorten ist aufgetaucht, die nach Regensturmtagen keine Schüttelflecken tragen und nicht tagelang mit Kopfhängen und Blütenarmut schmollen, sondern frohgemut in andauerndes Mißwetter hineinblühen. Es ist nicht zu fassen, zu welcher unüberschaubaren Vielartigkeit und Pracht in gerade hundertfünfzig Jahren diese Pflanze sich entfaltet hat, welche Alexander von Humboldt in mexikanischen Vulkanbezirken als holunderblättrige rosa Kamillenblüte auffand und deren Samen er im Jahre der Entdeckung an den Botanischen Garten in Berlin und in Paris sandte.

Dreißig Jahre später lud der Inspektor des Botanischen Gartens in Berlin, Potsdamer Straße, in dem auch Chamisso als Gärtner gewirkt hat, öffentlich »ein verehrliches Publikum ein, dreißig neue gefüllte Varietäten der Dahlie zu besuchen«. Die kleine, unscheinbare Vulkanpflanze hat es nun fertiggebracht, an immer mehr Plätzen der Welt immer größere Menschenmengen auf die Ausstellungen ihrer Prachtentfaltung zu locken! Diese Entwicklung ruht in allen ihren Anfängen nicht allein auf Humboldts und Deutschlands Schultern, sondern hat längst noch von anderer Seite Hilfe und Förderung erfahren. Immer mehr Völker spielen jetzt Fangball mit den Veredelungsfortschritten. Immer staunt man, mit welcher elementaren Gewalt hier eine tolle Farben- und Formenwelt aus dem Erd- und Felsengeröll jener großen vulkanischen Berggestalten hervorgebrochen ist, die über der hochgelegenen Stadt Mexiko in ungeheure Höhen aufsteigen. Wir denken dann an die einzigartige Farbengewalt der Sonnenuntergänge und Beleuchtungen in diesen Hochgefilden, welche die Umwelt dieser farbenträchtigsten Pflanze bilden.

Neben den zahllosen Edelsorten von bleibender Gültigkeit oder unerwarteter Steigerung gibt es auch eine Menge von Erscheinungen, die wir gern als »gärtnéhrisch« verurteilen: Königskronen auf Kartoffellaub, kurzgestielte »Gruppensorten« in fragwürdigen Farben, papiergedrehte Strahlenblumen für süße Geschmacksrichtungen. Dies alles brennt zu Asche ab neben den hoheitsvollen, wohlproportionierten, bei aller Pracht dennoch wie ein Ausbruch von Naturkraft wirkenden Züchtungen aus alter und neuer Zeit, die keinen der Fehler zeigen, mit denen uns zahllose, früher gefeierte Sorten verärgert haben.

Wenn man ein paar Tage lang zwischen den zweitausend Dahliensorten des Düsseldorfer Zentralgartens umhergewandert ist, dann lockt unsern Blick ständig wieder eine Zahl von fünfzig bis siebzig der aufregendsten Erscheinungen, an denen beim besten Willen kein Fehler zu finden ist.

Alle Sorten, deren Knollen irgendwelche Schwierigkeiten in der Durchwinterung machen oder sich als viruskrank erweisen, werden ausgeschieden.

Die Dahlien, deren wertvollste Sorten aller Klassen und deren gewaltigste, königlichste

Zweifarbige Kaktusdahlien, eine der zahlreichen Sorten ist 'Pfitzers Joker', sind Glanzpunkte im frühherbstlichen Garten.

Erscheinungen in unserer Liste festgelegt sind, tragen trotz ihrer Blumengröße, welche dreißig Zentimeter erreichen kann, also die *Victoria regia* noch übertrumpft, ihre Blüten auf mächtigem Stielwerk schräg nach oben gerichtet und stellen so eine wohlausgewogene Gesamterscheinung der Pflanze dar. Wenn uns heute vielleicht noch viele der wirksamsten Gartenanwendungen und Benachbarungen solcher erstaunlichen Blütenerscheinungen fehlen, so werden jene Blumen sowohl im Garten als auch in der Blumenschmuckkunst und im Bereich der Keramik ihre Forderungen doch so lange stellen, bis sie erfüllt werden.

Nochmals sei auf die merkwürdige Tatsache hingewiesen, daß eine sehr große Anzahl von Dahliensorten, von neuen und alten, uns nach etwa drei Jahren »meterlang zum Hals heraushängen«, während andere Sorten jenem seelischen Abbau in keiner Weise unterworfen sind.

Es gibt so unergründlich schöne Dahlien, daß wir uns nach ihrem zehnjährigen Flor in unseren Gärten noch im Anfang der Freude fühlen!

Auch die Gladiole ist eine Septemberbeherrscherin. Wenig bekannt blieb es noch, daß man durch die Wahl der Zeitgruppen den frühen, mittelspäten und späten Flor von Gladiolen in Gärten und Vasen von Juli bis Ende September hinziehen kann. Die Schönheit der Gladiole ist noch in voller Zunahme. Die Zuchtarbeit richtete sich auch auf das schöne Verblühen.

Wirkungsvolle Verwendung im Garten sieht man höchst selten. Eine Gladiolenfortsetzung des Irisflors in Ufergärten regelmäßig gestalteter Becken, besonders in der Nachbarschaft von Gräserbüschen der *Iris sibirica*, ist wirkungsvoll und »erlaubt«, wobei natürlich – wie gesagt – den blauen, weißen und gelben Tönen der Vorrang zu geben ist. Die Pflanzen sollten nicht vereinzelt, sondern in Büscheln gesetzt werden. Legt man sie tief genug, nämlich zwölf Zentimeter tief, dann vermeidet oder mildert man schräge Haltung der Stiele an sehr windigen Stellen. Auch Rabatten, die nur aus edelsten, üppigen Staudengräsern bestehen, bieten reizvolle Nachbarschaft für Gladiolen.

Wir brauchen nun natürlich für Gladiolen und Iris sehr edle, ziemlich schmale, aber sehr standfeste Vasen und bitten hiermit unsere Keramiker und die Glasindustrie um recht viele große und kleine Gefäße solcher Art. Die Größe sollte ansehnlich sein; denn Iris und Gladiolen bewegen sich ja vielfach schon in Brusthöhe und lachen über die kleinen, wackeligen, »ohnmächtigen« Gefäße, mit denen man ihnen beikommen will.

Wer Gladiolen schneidet und die Knolle nicht schädigen will, lasse vier bis fünf Blätter am Stiel. Die Vermehrung der edelsten Gladiolensorten durch Brutknollen geht in unglaublicher Freigebigkeit vor sich, was noch gesteigert wird, wenn man die Knöllchen vor dem Legen wässert. Viele Leute stehen immer wieder fassungslos vor der gewaltigen Sortenfülle und wissen ihr nicht Platz und Wirkung im eigenen Garten zu finden; sie vergessen dabei halbwegs, daß der große Sortenreichtum eben wie geschaffen ist, unzählige Gärten voneinander zu unterscheiden, damit auch überall neben den Pflanzen, die jeder gern im Garten hätte, noch etwas ganz anderes blüht und den besuchenden Nachbar überrascht und nicht langweilt.

Auch an Montbretien kann der Septemberbericht nicht achtlos vorübergehen, ist doch mittlerweile aus der Montbretie unserer Jugend etwas wie eine fremdartig reiche Feuerlilienwelt geworden von einer Blütengröße, die man ihr niemals zugetraut hätte. Die rechte Gartenverwendung wird sich erst noch herausbilden müssen. Farblich sind Blaugräser und Blaublattfunkien prachtvolle Nachbarn. Die Durchwinterung ist nicht nur ebenso bequem wie für Dahlien, Gladiolen und Kartoffeln, sondern kann mit kräftiger Laubdecke auch im Freien geschehen.

Die Schönheit und Eleganz der Silberkerzen kann man von Juli bis Oktober im Garten haben. *Cimicifuga racemosa* macht den Anfang.

Im Liliengarten ist *Lilium speciosum*, die weiße und weiß-rosafarbene japanische Türkenbundform, die Septemberkönigin. Die Züchtung 'Magnificum' ist bei brusthohen Stielen angelangt. Die Madonnenlilien melden schon mit kraftvollen grünen, aus dem Boden brechenden Schöpfen im September ihr neues Leben fürs kommende Jahr.

In die Liliennachbarschaft passen die Silberkerzen der Sommer- und Herbstmonate, nach deren Namen vier wichtigste Typen bestens zu benennen sind. Im September staunt man die weit mehr als mannshohe September-Silberkerze an, *Cimicifuga ramosa*, deren Laubwerk gleichfalls von unglaublicher Schönheit ist. Vom Duft des Herbstveilchens, *Viola odorata* 'Königin Charlotte', und der Herbst-Clematis, *Clematis paniculata*, getroffen, blicken wir zu dem tauglitzernden Staudenwunder hin, dessen Flor dann nach einiger Zeit von der Oktober-Silberkerze abgelöst wird, *Cimicifuga simplex* 'Armleuchter'. Le roi est mort, vive le roi! Hinter ihr, in etwas tieferem Schatten, beginnt der Staudenflieder, *Polygonum polystachyum*, noch spät im September seine großen spiräenhaften Blütenstände zu bereiten, die zarten Vanilleduft ausströmen, sehr ähnlich dem Herbstduft der Bergastern des September und Oktober. In welch beiläufigen halbschattigen Gartenwinkeln kann sich das alles begeben! Und mit wie bescheidenen Vorbedingungen nehmen es unzählige sehr edle Dauerpflanzen des Gartens auf!

Zwei winterharte Knollengewächse, die Herbstzeitlose und der Herbstkrokus, beide in frühen und späten Züchtungen und Wildarten, haben im September schon ihre hohe Zeit. Wunderlich ist der Gedanke, daß diese Zwiebel- und auch Knollenpflanzen so vielfach den homerischen Gefilden und anderen Mittelmeerufern entstammen, ohne daß uns unsere Lehrer für Griechisch und Geschichte von diesen bunten Lebensbanden, mit denen jene historischen Südgestade unser nördliches Gartenleben im Frühling und Herbst umschlingen, auch nur ein Sterbenswörtchen erzählt hätten. Diese ferngeborenen Zeitlosen und Krokusse sind von überragender Lebensstärke und Dauer; erstere werden zwischen Juli und September zwanzig bis dreißig Zentimeter tief gelegt. Die Blattbüsche, die schon im Frühjahr erscheinen, können mit ihrer rätselhaften Üppigkeit an manchen Plätzen störend wirken; es ist deswegen gut, sie nötigenfalls in die Nähe entsprechender Zwerggehölze zu setzen, wobei zu bemerken ist, daß die übliche Zwischensenkung einer Schieferplatte oder Glasscheibe für die Dauer Schutz gegen Wurzelzudringlichkeit jener Zwerge gibt. Die Herbstkrokusse, schön wie gebrechliche venezianische Zaubergläser auf langen Stielen, sind dennoch ungeheuer aushaltsam; sie werden nur fünfzehn Zentimeter tief gelegt.

Ihnen leisten nun die neuen niedrigen Kissenastern und die niedrigen Berg- und Heideastern sowie die Zwergnadelhölzer sehr erwünschte Gesellschaft. Viele erst in Knospen stehende Kissenastergestalten haben oft selber den Reiz von Zwergnadelgehölzen.

Im septemberlichen Steingarten erleben wir jetzt jeden Schatten unter den Zwerggehölzen, aus denen oft Pilze verstohlen hervorleuchten,

Noch weithin unbekannt ist die Gruppe der Herbstkrokusse,
zu deren Anführer im September
Crocus pulchellus gehört.

Unvergleichlich ist der Zauber der Japan-Anemonen.
Die Sorte 'Honorine Jobert' ist schon
über 100 Jahre alt.

alles Auf und Ab des Zeitlosen-Flors zwischen der unsterblichen weißen Bergminze und dem beginnenden Flor des Oktober-Sedum in einem so merkwürdigen Herbstfrieden, wie ihn eigentlich in so wunschlos machender Fülle und Seltsamkeit nur der Garten unserer Tage hervorzubringen vermag, der ja Gleichgewichtskräfte der Menschenseele zu verwalten hat wie kaum etwas anderes auf Erden. Dies gilt auch von kleinen Räumen. Ziemlich neu ist jetzt an solchen Gartenstätten der zauberische Flor winterharter chinesischer Spätsommer- und Herbstanemonen, die nach der Provinz Hupe in China benannt sind und deutschen Züchtern schon viele Veredlungen danken.

Oft mag der Leser denken: Wo soll um Himmels willen bloß der Platz herkommen in meinem Gärtchen, ja schon in meinem Gedächtnis, – wobei er ganz vergißt, welchen Natur- und Gestaltenreichtum schon kleinste Gartenflächen, Hänge und Mulden schlucken können und daß sie ihm wirkliche Dauerstätten zu bereiten vermögen.

Im Heidegärtchen hat es der Flor der mannigfachen Heidearten von der frühesten Schneeheide bis zur spätesten Herbstheide bald auf neun Monate gebracht; denn die Schneeheide, auch Märzheide genannt, hat ihren Flor in der Züchtung 'Winter Beauty' bis zum Januar verfrüht, wodurch sie auch der Verläufer-Schneerose erwünschte Nachbarschaft leisten kann, wenn man frischbleibenden Boden hat, um die Schneerose sonnig oder leicht halbschattig zu plazieren.

In der immerhin duftlosen Welt der Heidekräuter ist es wohltätig, wenn von irgendeiner Ecke her das herbstblühende Duftveilchen seinen fruchthaften Hauch in kühle oder warme Herbstlüfte streifen läßt. Man soll es nicht flächig, sondern in schlankgliedrigen Horsten pflanzen, sonst beenden die Pflanzen schon nach fünf Herbsten ihren Flor, was ihnen bei rechter Ansiedlung nie in den Sinn kommt.

Im Wasserbecken sind die Zwergwasserrosen in vollem Flor; sie blühen unermüdlich aus ihren Unterwassengefäßen und wollen zwanzig,

Herbstheide, Blaugräser und Zwergkiefer haben sich hier im Heidegarten versammelt. Die hohe Goldleisten-Spartina gibt dem Blick nach hinten Halt.

höchstens vierzig Zentimeter Wasserhöhe über sich haben.

Die Tabelle nennt die schönsten Arten und Sorten. Da sie kleinen Umfang der Blattentwicklung haben, so kann man sich dies unglaublich bunte Wasserschauspiel für viele Monate auch in einem mäßig großen Wasserbecken bereiten.

Aber es ist phantasielos, den flachen Wasserrosen nicht die Nachbarschaft steil aufsteigender Wasserpflanzen zu geben. Man pflanzt auch sie in Kübel oder Körbe, die so auf Steine gestellt werden, daß das Wasser fünf Zentimeter über der Erdfläche steht: Pfeilkraut, Silberkalmus, Wasserfarn, Schwadengras, Blumenbinse, Sumpfdotterblume und Weiderich in den Sorten 'Rakete' und 'Robert'.

Der Herbst ist die rechte Zeit der Staudengräser, »Harfe und Pauke« könnte man eine Rabatte taufen, auf welcher in lichtem Halbschatten die mannshohen Staudengräser in wohlberechneter Benachbarung mit edelsten Blattstauden vereinigt sind. Beide gehören zu den unverwüstlichen Dauergewächsen.

Die Goldleisten-Spartina, *Spartina pectinata* 'Aureomarginata', mit dem wunderbaren Linienwurf der Halme wird aufgefangen von der Gelben Grünrand-Funkie, *Hosta fortunei* 'Aureomaculata'. Der Blaustrahlhafer, *Helictotrichon sempervirens*, findet als wundervollen Nachbarn die Große Blaublatt-Funkie, *Hosta sieboldiana* 'Elegans'. Die nächste Gruppe besteht wieder aus zwei Schätzen ersten Ranges, nämlich aus der Riesenform der Ruten-Hirse, *Panicum virgatum* 'Strictum', umgeben von der Königin der Funkien, der Lilien-Funkie, *Hosta plantaginea*, die außerdem noch fein duftet und ihr frisches Blattgrün bis Ende Oktober behält.

Eine weitere Gruppe setzt sich aus dem Riesen-Pfeifengras *Molinia arundinacea*, und der Grünen Riesen-Funkie, *Hosta elata*, zusammen. Sie stehen auch beide zu gleicher Zeit in goldenen Herbstfarben. Das graziös schwebende Goldgerage der wunderbaren Halme sprüht aus dem Blattdickicht der Funkie, die ihre Herbstblätter wie kleine goldene Elefantenohren hängen läßt.

Das Riesen-Pfeifengras, *Molinia arundinacea*, erhielt den Namen 'Karl Foerster', eine Ehrung für beide Beteiligten.

Und jetzt wieder eine ganz andere Zusammenstellung: Der gewaltige Riesen-Miscanthus, *Miscanthus floridulus*, der drei Meter hohe, enorm wuchtige, straffe und steile Büsche formt, verlangt nach mächtigeren Nachbarn als nach Funkien. Ihm konnte nur das ebenso tropisch wirkende Tafelblatt, *Astilboides tabularis*, imponieren, das ihn in drei Pflanzen umgibt.

Es durchschneidet jetzt ein Querweg die Rabatte, an dessen beiden Eckplätzen überraschende Dinge warten. An der einen Ecke droht mit bunten Querstreifen das Stachelschweingras, *Miscanthus sinensis* 'Strictus', das völlig winterhart ist im Gegensatz zu seiner Schwester, dem Zebragras, *Miscanthus sinensis* 'Zebrinus'. Das »Stachelschwein« wird umtanzt von großblättrigen Dauergold-Funkien, *Hosta sieboldiana* 'Semperaurea', die zu den größten Schätzen des Funkienreichs zu zählen sind.

Auf dem anderen Eckplatz wächst das Garten-Sandrohr, *Calamagrostis* × *acutiflora*, mit seinen mannshohen, steilen Zittergrasbüschen, denen man das Wuchern abgewöhnt hat. Es stützt sich auf derbe Blatt- und Blütenstauden, nämlich auf die Lattichkerzen des Frühsommers und Spätsommers (*Ligularia stenocephala* nebst *Ligularia wilsoniana* und *Ligularia* × *hessei*).

Nun stehen wir vor dem großen Silberfahnengras, *Miscanthus sacchariflorus* 'Robustus', das mit seinen mannshohen Blütenfahnen den Garten vom Herbst bis zum Frühling schmückt. Dies atmosphärisch so hellhörige Riesengras mit seiner gewaltigen Lebenskraft wirkt manchmal im Gegenlicht wie ein Dickicht weißer Flammen, hat aber auch mit Mondlicht und Nebel seine Verabredungen, leise von der Feuchtigkeitslast des Nebels gebeugt. Mit diesem mächtigen Gegenspieler nimmt es am besten die Riesenblatt-Rodgersie *(Rodgersia purdomii)* auf.

Es dringt nun tiefer Schatten vor, in dem sich die große braune Wald-Schmiele *Deschampsia cespitosa*, besonders wohl fühlt, die es allerdings auch mit jedem Sonnenplatz aufnimmt. Sie wird umzüngelt von der immergrünen Japan-Segge (*Carex morrowii* 'Variegata') und der Wald-Marbel *(Luzula sylvatica)*.

Der nächste Platz birgt ein erstaunliches Schatzgetümmel, nämlich das spätblühende Australische Lampenputzergras, *Pennisetum alopecuroides*, im Gegensatz zur japanischen Art völlig winterhart.

Calluna vulgaris 'H.E.Beale' hat gefüllte rosa Blütchen, die wochenlang die Triebe zieren.

Dahinter steht das Reiherfedergras, *Stipa barbata*, das hüfthoch wird. Im Vordergrund wächst die Morgenstern-Segge, *Carex grayi*. Alles wird umkränzt und durchwachsen von der Frühgrünen Lanzenblatt-Funkie, *Hosta lancifolia*.

Schließen wir hiermit die Gräserberichte, obwohl noch unendlich viele Herrlichkeiten genannt sein wollen!

Zwerg-Seerosen *für Wasserstände bis 30 cm Höhe, geordnet nach Blütenfarben*

Weiß

Nymphaea odorata, stark duftende Art aus Nordamerika, Herbstdurchblüher
– – 'Minor', weiß, rosa überhaucht, duftend
– – 'Turicensis', weiß mit rosa Schimmer, zarter Duft
– × *pygmaea* 'Alba', zwergigste weiße Sorte
– *tetragona*, reinweiß, schwach duftend

Rosa

Nymphaea odorata 'Fire Crest', rosa mit feurig roten Staubblättern
– – 'Luciana', zartrosa, sternförmige Blüten
– – 'Odalisque', hellrosa, duftend
– – 'Venusta', helles Rosa mit angenehmem Duft
– – 'W. B. Shaw', rosa Blüten über tiefgrünen Blättern
– × *pygmaea* 'Joanne Pring', dunkelrosa, orangefarbene Staubblätter

Rot

Nymphaea-Hybride 'Ellisiana', feuerrote Blüten über dunkelgrünen Blättern
– 'Froebelii', tief weinrot, zierlich
– 'Laydekeri Fulgens', helles Weinrot, reichblühend
– 'Laydekeri Lilacea', lilarosa, karmin punktiert
– 'Laydekeri Purpurata', karminrot, nach außen heller
– 'Maurice Laydeker', orange bis kirschrot, Blatt dunkelgrün
– 'William Falkoner', rubinrot, dunkelfarbigste Sorte

Kupferorange

Nymphaea-Hybride 'Aurora', kupferorange, Blätter dunkel gefleckt
– 'Chrysantha', aprikosenfarben bis zinnober, Blätter braunrot marmoriert
– 'Graziella', orange mit rosa Tönungen
– 'Indiana', orangekupfer, kuglige Blütenform
– 'Sioux', goldgelb bis kupferrot, stark geflecktes Blatt

Gelb

Nymphaea odorata 'Sulphurea', schwefelgelb, sternförmig
– × *pygmaea* 'Helvola', cremegelbe, zierliche Blüten, ein echter Zwerg

Kleine Auswahl winterharter Sumpf- und Wasserpflanzen

römische Zahlen = Blühmonate,
arabische Zahlen = Wuchshöhe in cm

Alisma plantago, Froschlöffel, weißrosa blühend, VI–VII, 70
Butomus umbellatus, Blumenbinse, hellrosa blühend, VI–VII, 60
Hippurus vulgaris, Tannenwedel, wuchert leicht, 30
Hottonia palustris, Wasserfeder, Unterwasserpflanze, blüht rosa über dem Wasser, V–VI, 40
Hydrocharis morsus-ranae, Froschbiß, weißblühende Schwimmpflanze, VI–VIII
Juncus ensifolius, Zwerg-Binse, hat braune, kugelige Blütenstände, VII–IX, 20
Menyanthes trifoliata, rosenknospiger Fieberklee, IV–VI, 30
Pontederia cordata, blaublühendes Hechtkraut, VII–VIII, 50

Sagittaria sagittifolia, heimisches Pfeilkraut, weiß blühend, VI–VII, 30 bis 50
Thelypteris palustris, Wasserfarn, zierlich gefiedert, 30
Typha minima, Zwergrohrkolben, VI–VIII, bis 90

Ideale Dahlien für jedermanns Garten

Die Auswahl der hier folgenden wichtigsten Züchtungen des In- und Auslandes gründet sich nicht nur auf die Schönheit der Einzelblume, sondern auch auf das gesunde Wachstum der Pflanze und die aufrechte Tracht der Blüte an langen, straffen Stielen. Diese Liste enthält aber auch die langjährigen Erfahrungen wichtigster Beobachter. Oft wurden sehr schöne Sorten wegen ihrer Anfälligkeit für Viruserkrankungen oder wegen immer wieder beobachteter Durchwinterungsnachteile ihrer Knollen weggelassen.

Die alten großen Balldahlien und die kleinblumigen, einfachblühenden Züchtungen, besonders auch in älteren Sorten, schienen mir bei modernen Dahlienbeobachtern nicht zu ihrem Recht zu kommen. Wir halten aber diese beiden Typen gerade auch in ihrer Verbindung mit Stau-

Unermüdliche Blüher bei den Seerosen sind die Sorten der *Nymphaea odorata*, die ihren Flor bis zum Herbst ausdehnen.

dengruppen und Rabatten noch für durchaus wichtig.

Farblich spielen zwischen bunten Stauden die schwarzroten und die weißen Sorten eine besonders harmonische Rolle, wobei auch riesenblütige Züchtungen ihre guten Dienste leisten.

In Gartenbüchern sollten auch ältere, noch in keiner Weise übertroffene Züchtungen ebenso lebhaft gefeiert werden wie die neuen, wichtigen Fortschritte. Dies brächte ein wenig mehr Ruhe in die Teilnahme am großen, stürmischen Fortgange der Züchtungsarbeit.

Wir nennen hier die Dahlien in Gruppen nach Farben und Blütenformen geordnet, die Zahlen deuten die Wuchshöhe in cm an.

Weißblühend
Schmuckdahlien
'Donja' 100
'Matterhorn' 150
'Rheinfall' 140
'Snow Joy' 140
'White Hornsey' 130
Pompondahlien
'Elisabeth' 100
Kaktus- und Semikaktusdahlien
'Annabel' 100
'Nancy Gryson' 100
'Peace Time' 120
'Silbersee' 130
Einfachblühende Dahlien
'Schneekönigin' 100
'Weißer Kobold' 110

Gelbblühend
Schmuckdahlien
'Coronella' 140
'Dinkelsbühl' 150
'Glory of Heemstede' 120
'Herbstfee' 100
'Toja' 100
'Wiehler Gold' 140
Balldahlien
'Parano' 120
'Vader Abraham' 140
'Valentine' 140
'Vollmond' 150
Kaktus- und Semikaktusdahlien
'Berliner Chic' 140
'Bodenseeperle' 130
'Legden' 140
'Mon Tresor' 90
'München' 60
'Stadt Münster' 130
Pompondahlien
'Golden Fizz' 110
'Maren'
Einfachblühende Dahlien
'Fellbacher Gold' 120

Bernstein-bronzebraunblühend
Schmuckdahlien
'Autumn Dreams' 50
'Chinese Girl' 140
'Gruppengold' 120
'Salita' 110
Balldahlien
'Immendorf' 130
'Maren' 130
Kaktus- und Semikaktusdahlien
'Border Prinzess' 100
'Garden Party' 90
'Goldener Überfluß' 120
'Orange Queen' 140
'Royal Wedding' 170
'Sommerfülle' 120

Rosablühend
Schmuckdahlien
'Extase' 60
'Grylis Joy' 80
'Hanni' 140
'Little Dream' 130
'Satelite' 120

Die einfachblühende Dahlie 'Weißer Kobold' korrigiert alle bisherigen Dahlien-Vorstellungen und bringt einen eigenartigen Wildnisreiz mit.

Balldahlien erregen unsere Bewunderung durch das Ebenmaß ihrer Blüten. Auch die Sorte 'Maren' zeigt dieses »Netzwerk«.

Balldahlien
- 'Annette' 140

Kaktus- und Semikaktusdahlien
- 'A. von Humboldt' 110
- 'Grethe Weiser' 130
- 'Gute Laune' 100
- 'Jessica Gryson' 110
- 'Marianne Strauß' 120
- 'Nepal' 180
- 'Parkprinzessin' 90
- 'Pipers Pink' 120
- 'Rosa Kaskade' 140
- 'Venus' 140

Pompondahlien
- 'Manila' 100

Einfachblühende Dahlien
- 'Fascination' 100
- 'Gute Hoffnung' 50

Rotblühend

Schmuckdahlien
- 'Feuerball' 150
- 'Geerlings Jewel' 160
- 'Linz' 60
- 'Parkfreude' 110
- 'Rhodos' 150
- 'Schlanders' 130

Balldahlien
- 'Hot Lips' 40
- 'Parkfeuer' 120

Einfachblühende Dahlien
- 'Bishop of Llandaff' 150
- 'Leonore' 100
- 'Parkjuwel' 130
- 'Preston Park' 110

Kaktus- und Semikaktusdahlien
- 'Albert Schöchle' 150
- 'Bergers Rekord' 140
- 'Constance' 100
- 'Indian Summer' 140
- 'Michael Jary' 170
- 'Red Princess' 80
- 'Roter Kobold' 120
- 'Scarlet Star' 150
- 'Sevilla' 120
- 'Ursula Späth' 150

Pompondahlien
- 'Nescio' 100
- 'Prom' 120

Dunkelrotblühend

Schmuckdahlien
- 'Berner Oberland' 110
- 'Cilly Lahaye' 140

Balldahlien
- 'Schwarze Barbara' 140

Kaktus- und Semikaktusdahlien
- 'Chat Noir' 150
- 'Heidi' 90
- 'Jürgen' 140
- 'Orfeo' 120
- 'Wiener Blut' 120

Einfachblühende Dahlien
- 'Roxy' 60

Kein Geringerer als Alexander von Humboldt, der »Entdecker« der Wilddahlie stand Pate für den Namen dieser Sorte.

Lila-violettblühend
Schmuckdahlien
'Blue Bell' 80
'Coriolan' 170
'Fiaker' 180
'Gerlos' 100
'Melanie' 130
'Purple Joy' 160
'Suffolk Punch' 150
Pompondahlien
'Franz Kafka' 120
'Lilac Bells' 80
Kaktus- und Semikaktusdahlien
'Elga' 150
'Erna Rau' 170
'Jane' 100
'Tintenbuben' 120
Einfachblühende Dahlien
'Cynthia' 160
'Leila' 150

Zweifarbig
Schmuckdahlien
'Aachener Karneval' 100
(rot, weiße Spitzen)
'Free Spirit' 140
(gelb mit weiß)
'Hohes Licht' 120
(lachsrot mit gelb)
'Miss Swiss' 140
(weiß, lila Spitzen)
'Siedlerstolz' 100
(rot, weiße Spitzen)
'Tartan' 160
(schwarzrot, weiße Spitzen)
Balldahlien
'Edinburgh' 110
(karminrot, weiße Spitzen)
'Matchpoint' 120
(lila mit weiß)
Kaktus- und Semikaktusdahlien
'Cheerio' 150
(karmin, weiße Spitzen)
'Marianne Strauß' 120
(rosa mit gelb)
'Markgräfin v. Bayreuth' 130
(rosa mit weiß)
'Pfitzers Joker' 130
(dunkelrot, weiße Spitzen)
Pompondahlien
'Little Robert' 110
(purpur, weiße Spitzen)

Halskrausendahlien
'Alpen Cherub', weiß, weiße Krause 100
'Ginny Ann', gelb, schwefelgelbe Krause 120
'Grand Duc', rot, gelbe Krause 130
'La Cierva', karminpurpur, weiße Krause 110
'Libretto', purpur, weiße Krause 140
'Mariposa', rosa, weiße Krause 110

Buntblättrige Stauden, Gräser, Binsen, Seggen und Simsen

Silbergraulaubige Stauden
Acaena buchananii, Silberblatt-Stachelnüßchen
Achillea serbica, Serbische Silbergarbe
– *clavenae*, Geweih-Silbergarbe
– × *kellereri*, Gräten-Silbergarbe
– *umbellata*, Flieder-Silbergarbe
Alyssum saxatile, Frühlings-Steinrich
Anaphalis triplinervis, Perlkörbchen
Anthemis marschalliana, Silberfeder
Artemisia ludoviciana 'Silberkönigin', stärkste Silberwirkung
– *nittida*, Teppich-Silberraute
– *schmidtiana* 'Nana', Zwerg-Silberraute
Carlina acaulis, Eberwurz
– ssp. *simplex*, Silberdistel
Centaurea pulcherrima, Kaukasus-Kornblume
Cerastium tomentosum, Apennin-Hornkraut
Leontopodium alpinum, Alpen-Edelweiß
– *palibinianum*, Sibirisches Edelweiß
– *souliei*, Chinesisches Edelweiß
Nepeta × *faassenii*, Katzenminze
Oxalis adenophylla, Kordilleren-Sauerklee
Santolina chamaecyparissus, Silber-Santoline
Saxifraga callosa var. *lantoscana* 'Superba', Hängerispen-Steinbrech
– *cochlearis*, Seealpen-Steinbrech
– *cotyledon* var. *pyramidalis*, Silberfahnen-Steinbrech
– *paniculata*, Silberrosetten-Steinbrech
Sedum spathulifolium, Silberspatel-Steinbrech
– – 'Cape Blanco', silberweiße kleine Kostbarkeit
Sempervivum arachnoideum, Spinnweb-Steinwurz
Stachys byzantina, Silber-Wollziest
Veronica spicata ssp. *incana*, Silberlaub-Veronika

Silbergraublättrige Gräser
Agropyron magellanicum, Magellan-Blaugras
Festuca cinerea 'Silbersee', besonders silbriger Blau-Schwingel
Sesleria nitida, Silber-Kopfgras

Weißbunte und goldlaubige Stauden
Acorus calamus 'Variegatus', weißgestreifter Kalmus
Ajuga reptans, 'Burgundy Glow', Feuer-Günsel
– – 'Variegata', Silber-Günsel
Hosta crispula, Große Weißrand-Funkie
– *decorata*, Breite Weißrand-Funkie
– *fortunei* 'Aurea', Frühlingsgold-Funkie

In der heimischen Flora steht die Silberdistel unter Schutz, aus gärtnerischer Anzucht stammend darf sie aber gepflanzt werden.

– – 'Aureomaculata', Gelbe Grünrand-Funkie
– – 'Aureomarginata', Grüne Goldrand-Funkie
– *lancifolia* 'Kapitan', Gelbe Lanzenblatt-Funkie
– *sieboldiana* 'Aureomarginata', Blaue Gelbrand-Funkie
– – 'Semperaurea', Dauergold-Funkie
– *sieboldii*, Weißrand-Funkie
– *undulata* 'Univittata', Schneefeder-Funkie
Lysimachia nummularia 'Aurea', Gold-Münzkraut
Saxifraga umbrosa 'Aureopunctata', Schatten-Steinbrech
Sedum kamtschaticum 'Variegatum', buntlaubiges Kamtschatka-Sedum
Vinca major 'Variegata', weißbuntes Großes Immergrün
– *minor* 'Variegata', goldgrünes Immergrün

Weißbunte und goldblättrige Gräser, Seggen und Simsen
Alopecurus pratensis 'Variegatus', Gold-Fuchsschwanz
Avenella flexuosa 'Tatra', Gold-Schmiele
Carex conica 'Hime-Kan-Suge', Silberstreif-Segge
– *elata* 'Bowles Golden', Gold-Segge
– *hachijoensis* 'Evergold', Goldband-Segge
– *morrowii* 'Variegata', Weißbunte Japan-Segge
– *ornithopoda* 'Variegata', Bunte Vogelfuß-Segge
– *siderosticha* 'Variegata', Breitband-Segge
Dactylis glomerata 'Variegata', Silbersprudelgras
Glyceria maxima 'Variegata', Buntes Schwadengras
Hakonechloa macra 'Aureola', Japanisches Bronzegras
Luzula sylvatica 'Marginata', Silberrand-Marbel
Miscanthus sinensis 'Strictus', Stachelschweingras
– – 'Variegatus', Weißbuntes Chinaschilf
Molinia caerulea 'Variegata', Buntes Zwerg-Pfeifengras
Phalaris arundinacea 'Picta', Buntes Glanzgras
Spartina pectinata 'Aureomarginata', Goldleisten-Spartina

Blaugrünlaubige Stauden
Acaena caesiiglauca, Blaues Stachelnüßchen
Aethionema grandiflorum, Alpentäschel
Asphodeline lutea, Junkerlilie
Allium karataviense, Blauzungen-Lauch
Dianthus gratianopolitanus 'Blaureif', Pfingst-Nelke
– – 'Eydangeri', Vorläufer-Nelke
– – 'Rosenlicht' und andere Sorten
Eryngium alpinum, Alpendistel und deren Sorten
– *bourgatii*, Pyrenäendistel
– × *zabelii* 'Violetta', Königsdistel
Euphorbia myrsinites, Walzen-Wolfsmilch
Hosta sieboldiana 'Elegans', Große Blaublatt-Funkie
– × *tardiana* 'Halcyon', stahlblaue Sorte
– *tokudama* (*H. glauca* 'Minor'), Blaue Löffelblatt-Funkie
Linum narbonense, Narbonnen-Flachs
Sedum anacampseros, Walzen-Sedum
– *cauticolum*, blau- und rotlaubiges September-Sedum
– *ewersii* var. *homophyllum*, blaugrünes Flachpolster-Sedum
– *pluricaule*, Rosenteppich-Sedum
– *reflexum*, Blautannen-Sedum
– *sieboldii*, Oktober-Sedum
Sempervivum tectorum 'Glaucum', Apennin-Steinrose

Ahnungslose können nicht wissen, daß sich aus diesen Beatlesschöpfen im Spätsommer das straffe Halmdickicht des Zwergpfeifengrases entwickelt.

Blaugrünblättrige Gräser und Binsen

Elymus racemosus 'Glaucus', blauer Riesen-Strandhafer
Festuca amethystina, Regenbogen-Schwingel
– *cinerea*, Blau-Schwingel mit mehreren Sorten
– *valesiaca* 'Glaucantha', blauer Walliser Schwingel
Helictotrichon sempervirens 'Pendula', Blaustrahlhafer
Juncus inflexus, Blau-Binse
Koeleria glauca, Blaue Kammschmiele
Sesleria albicans, Blaues Kopfgras

Braun- und rotbraunlaubige Stauden

Acaena microphylla, braungrünblättriges Stachelnüßchen
Ajuga reptans 'Atropurpurea', Purpur-Günsel
Astilbe-Japonica-Hybride 'Irrlicht', braunlaubige Astilbe
– Simplicifolia-Hybride 'Dunkellachs', dunkellaubig
Carlina acaulis ssp. *simplex* 'Bronze', Bronze-Wetterdistel
Clematis recta 'Purpurea', Purpurblatt-Waldrebe
Dianthus deltoides 'Leuchtfunk', Heide-Nelke, olivbraunes Laub
Erica herbacea 'Vivellii', Schnee-Heide, rotbraune Polster
Plagiorhegma dubium, Herzblattschale
Oenothera tetragona, Bronzeblatt-Nachtkerze
Sedum album 'Murale', bronzelaubiges Schleier-Sedum
– *kamtschaticum* var. *middendorffianum*, Amur-Sedum
– *oreganum* 'Atropurpureum', braunes Dickblatt-Sedum
– *spathulifolium* 'Purpureum', Purpurspatel-Sedum
– *spurium* 'Purpurteppich', Kupferblatt-Sedum
Sempervivum-Hybriden, braun- und rotlaubige Steinwurz-Sorten ('Beta', 'Donarrose', 'Granat', 'Purpurriese', 'Rotsandsteinriese', 'Spinell', 'Topas', 'Triste')
Tiarella cordifolia, Schaumkresse, rötlichbraun vom Winter bis zum Frühling
Viola labradorica 'Atropurpurea', Labrador-Veilchen

Braun- und rotbraunblättrige Gräser und Seggen

Carex buchananii, Fuchsrote Segge
– *comans*, Bronze-Segge
Imperata cylindrica 'Red Baron', Alanggras, Winterschutz (!)
Panicum virgatum 'Rotstrahlbusch', Kupfer-Hirse

Als Bodendecker im Schatten bekommt die Ranken-Schaumkerze, *Tiarella cordifolia*, im Winter ein braunrotes Laubwerk.

Herbst und Spätherbst
Oktober bis November

Die Herbstfärbung des Essigbaumes, *Rhus typhina*, kann regelrecht aufregend sein. Leider gibt es auch »langweilige« Exemplare.

Der Oktober ist allgemach ein gewaltiger Monat der Gärten geworden, und zwar der Gartenfreude, Gartenernte und der Gartenarbeit; er ist der eigentlich große Herbstpflanzmonat der Stauden, der Blumenzwiebelstauden und, in der zweiten Hälfte, der Laubgehölze. Im Reich der Nadelgehölze, die man ja besser im August/September pflanzt, machen die Zwergnadelgehölze eine Ausnahme, denn sie sind auch noch den ganzen Oktober hindurch pflanzbar. In früheren Zeiten, auf die sich jetzt noch alte Leute gut besinnen, war dieser Monat in Garten und Natur schon als unwirtlich abgeschrieben: »Seufzend in geheimer Klage streift der Wind das letzte Grün; und die süßen Sommertage, ach, sie sind dahin, dahin!« Vom Überschwang der Blütenfarben und der schönsten laubfärbenden Gartengehölze war nirgends die Rede; eine ganz neue Welt ist heraufgezogen und steigert und bereichert sich alljährlich um viele wesentliche Züge, dient der Erweiterung unseres Lebens- und Jahresgefühls und hat dabei die große musikalische Funktion, uns aus sommerlicher und nachsommerlicher Tonart milde hinüberzuleiten in die völlig andere Welt, die dem Spätherbst folgt.

Der Oktober ist in jeder Weise ein sehr aufregender Monat, und es ist recht vielen Menschen zu raten, sich so oft und viel wie möglich in diese Aufregungen zu stürzen! Sich also von aller einseitigen Hinwendung zum Obst- und Nutzgarten oder zum Schmuck- und Wohngarten Schritt für Schritt nach Möglichkeit zu befreien; denn aus jeder der beiden Gartenwelten steigen Reize

Die Zuckerhut-Fichte will allseitig frei stehen,
die Schattenseite würde sonst
rasch verkahlen.

auf, die sich mit der andern auf unbeschreibbare Art verflechten. Viele Menschen werden auf allen möglichen Gebieten durch wunderliche Scheidewände von großen, ihrer wartenden Glücksarten getrennt, kommen erst spät damit zum Durchbruch und merken dann plötzlich, welch ein neuer Kreislauf nun entsteht, und wie sich alles gegenseitig neu durchblutet und einander Ströme von Reiz und Kraft und Leben zusendet. Es greift die Gärtnerwelt ja nun auch unaufhaltsam auf Acker, Wald und Landschaft über, wozu das Signal von einem großen Gärtner und Naturpfleger ausgegangen ist, nämlich von Alwin Seifert.

Wir Anbeter solcher Dauergewächse, die Herbst und Spätherbst mit aufsteigendem Leben erfüllen, sollen aber im Oktober auch die Mithilfe der Einjahrsblumen nicht ganz vergessen. Die erste Oktoberhälfte ist die Freilandaussaatzeit für viele Einjahrsblumen, für bunten Rittersporn, Ringelblumen, Goldmohn, bunten Lein, Jungfer im Grünen und noch viele andere.

Gerade auch im Nutzgarten gibt's viele kleine freie Plätzchen für solche beiläufigen Aussaaten.

Um das wahre Antlitz des Gartenmonats Oktober zu erkennen, brauchen wir natürlich lange Zeit. Wir können die tiefste Wesenheit der einzelnen Monate im Garten und in der Landschaft nicht so leicht erfassen. Ein halbes Menschenleben ist dazu nötig. Ganz besonders aber gilt dies vom Gartenleben, da hier ja großer Zuzug sowohl an Urgestalten der Natur als auch an neuen Edelsteinen des Gartens stattfindet. Überall wachsen kleine und große Pflanzen, Einführungen der letzten Jahre und Jahrzehnte, aus ihren Jugendzuständen heran und zeigen sich zum erstenmal in voll erblühter Würde mit allem Über-

Hohe Gräser, Berberitzen und das Weinlaub am Haus vermitteln hier den Herbsteindruck, die Koniferen bieten einen willkommenen Kontrast.

Der flache, immergrüne Teppich des Zwerg-Lebensbaums, *Microbiota decussata*, belebt wohltuend diesen stillen Gartenwinkel.

Goldgelb leuchtet die Herbstfärbung des Eisenholzes,
Parrotia persica, mitunter mischen sich noch
scharlachrote Töne dazwischen.

schwang der Alterszeiten. Also, auch der Oktober ist in stürmischem Werden, und noch kein Kenner kennt ihn aus!

Blicke auf die Weltkarte und bedenke, welch großartiger Glanz wird deinem Oktobergarten aus unermessenen Fernen der Indianerländer und der ostasiatischen Berg- und Gartenwelt, aus Mexikos Hochplateaus und der Südspitze Afrikas bereitgehalten! Das blüht dann alles im schweren Tau der nordischen Gärten unter Altweibersommerfäden und buntem Beflug der Herbstschmetterlinge. Wieder muß man, wie auch früher, die Nochblüher des September von den späten Schonblühern des Oktober unterscheiden. Manches blüht auch jetzt wieder im Oktobergarten, was vorher noch lange Pause hatte. Wenn der Oktober ein Reisemonat wäre und schon so viele deutsche Menschen in die Oktoberwelt des Indian Summer oder der japanischen Bergwälder, ja auch der europäischen Hochalpen geführt hätte, wie dies in kommenden glücklicheren Zeiten geschehen wird, dann

Zwergahorne, Funkien, Farne und die moosüberzogenen Steine vermitteln Kühle und Ruhe. Irgendwo wird da auch ein Sitzplatz sein.

würden unsere Gärten noch viel schneller den Abglanz der gewaltigen Farbenszenen der gemäßigten Zone entfalten.

Die beneideten Farbwelten der weiten Ferne setzen sich aber in ihren Gluten fast nur aus solchen Gehölzen zusammen, die ihre Farben auch im deutschen Garten entfalten würden. Wir stehen aber erst im Beginn der Aufstellung einer neuen Lehre von der Verwendung der kleinen und großen herbstfärbenden und beerenschmucktragenden Gehölze für Oktober und November. Es gilt, die Pflanzen von sicherer Wirkung, auf die man sich alljährlich verlassen kann, aus den irgendwie fragwürdigen herauszusondern. Hierbei sind zwei große Zeitgruppen der früh- und spätfärbenden Gehölze aufzustellen. Es kommt natürlich darauf an, all dieses Herbstgeflamme und Gedröhne in große und kleine Gartenräume nicht nur hineinzuziehen, sondern mit dem großen und kleinen Flor der Blütengartenpartien in Beziehung zu setzen; denn auch die Schönheitsernte jener Laubfarben wird durch Blütengewächse eingebracht, die aus den gleichen Fernen stammen, hier aber zum großen Teil Veredelungen erfahren haben, die noch gar nicht wieder in ihre Heimatlande zurückgedrungen sind. Und gerade die vielen herbstbunten Klein- und Mittelgehölze und Beerenschmuckträger, die irgendwie auch für kleine Gärten in Frage kommen, sind am allerwenigsten bekannt. Schöneres kann jedenfalls den Herbstblumen und Herbstgehölzen nicht geschehen als ihre Benachbarung. Zeit- und Größentabellen sicherer Werte liefern Grundlagen.

Ein Typ des wilden Schneeballs bleibt grün im Herbst, während der andere, sonst in nichts von ihm unterschieden, mit völliger Regelmäßigkeit wochenlang in tiefem Karminrot des Laubes steht. Es gibt kleine Ahorne, wie zum Beispiel den herrlichen *Acer japonicum* 'Aconitifolium', dessen Glut Ende Oktober erlischt während daneben der zwei bis drei Meter hohe, wunderbar graziöse Buschahorn, *Acer palmatum*, uns seine Farben- und Zweigsträuße meist noch bis zur Novembermitte, also weit in die späten Chrysanthemumzeiten des November hinein, schenkt. Zur praktischen Brauchbarkeit führt eine Gliederung aller Listen der zugehörigen Blüten- und Laubschmuckwelt in hauptsächlich drei Zeitgruppen und drei Größengruppen. Es lohnt wahrhaftig, aus diesem wochenlangen Finale ein Herbstfest zu machen. Diese milden und brennenden Leuchtfarben, die in solcher Sättigungskraft für das Auge bei größtem Wechselreichtum sonst in Gärten nicht leicht auftreten, spielen ja auch die sogenannte »seelsorgerische Rolle«, indem sie unser Gefühl für Sommer und Herbst zum tiefsten Durchgreifen bringen und uns von der »schönen Jahreszeit« milde entwöhnen, dabei aber gleichzeitig die Stimmung für die völlig veränderte Tonart des Kommenden vorbereiten helfen.

Der stille Ernst der Eiben sollte nicht nur an Grabstätten zur Geltung kommen, sondern auch zur Gestaltung im Garten genutzt werden.

Die fünfzig bis sechzig Arten von brand- und feuer- und goldfarbenen Gehölzen, die wir den deutschen Herbstgärten wünschen, sind wichtig für die Zukunft. Die Namen dieser Gehölze sind für die meisten Gartenfreunde noch wunderliche, unbekannte Klänge. Aus dem Kolumbus- und Mikadoland kommen bunte *Cornus* und *Crataegus, Liquidambar, Nyssa, Dirca* und *Aralia, Cornus florida, Cercidiphyllum* und *Euonymus alata*. Den vielgenannten *Enkianthus* schaltete der Frost aus. Beide Weltgegenden halten auch herbstglühende und beerengeschmückte Lianen bereit, welche den malerischen Reiz auf den Gipfel treiben. Gleichfalls warten spätblühende Rankgewächse auf Millionen Gärten. Die duftende Oktober-Clematis müßte denkbar volkstümlich werden. Ihre weißen schönen Blütenschleier voll feinsten Duftes

Aus den Steppen Argentiniens kam dieses Großgras, das Pampasgras, in die deutschen Gärten. Es blieb hier ein Fremdling.

durchblühen ganze Herbstwochen. Der Tibetknöterich mit vierzehn Wochen dauernden weißen Blütengehängen und rasender Wachstumsüppigkeit bleibt uns gleichfalls durch ein ganzes Menschenleben treu. Man könnte das alles in Verbindung mit dem wochenlangen späten Astern- und Chrysanthemumflor, mit weißem Staudenflieder und mit den hierzu passenden einfachen und kleinblumigen Dahlien um einen geschützten Sitzplatz herumlegen. Alles geht unerwartete Verbindungen miteinander ein. Der neue Rubinton der großen Neuengland-Asternbüsche hat sich nun auch auf den Oktober erstreckt. Es tauchen im Astern- und Chrysanthemumreich des Oktober nicht nur neue Farben, sondern auch neue, mächtige Wachstumstemperamente auf, verbunden mit eigentümlichen Reizen des architektonischen Aufbaus der Pflanze. Dies Schwelgen der Natur in besonderer Pflanzenarchitektur und Linienschönheit von größter Mannigfaltigkeit finden wir nur im Bereich der *Aster novi-belgii* und *Chrysanthemum*; wir stehen hier vor immer stärkeren Überraschungen dieses luftigen Gestaltungswillens. Manchmal ergeht sich fast jeder Pflegling eines Sämlingsbeetes aus der gleichen *Chrysanthemum-koreanum*-Sorte in besonderen Kapriolen der Linienführung, was sich natürlich später für den Flor eigenartig auswirkt, zumal sich ja dieser ganze Herbstfrühling zu neuen und freudigeren Farben steigert.

Wir dürfen uns nicht dabei beruhigen, daß diese Schönheiten wegen ihrer Kraft, Gesundheit und Nachhaltigkeit nun auch dorfgartenfähiger, laubengartenfähiger geworden sind als früher, was auch für die Anfängergärten wichtig ist, sondern man müßte die Verantwortlichen auf dem Lande zu einem Dorfgartenbund lokken, der allen dortigen Gartenfreunden mit Listen, Bildern und Vorschlägen zur Hand ist. Man kann nur wiederholen, daß ein leichter Anstoß oft Dinge von größter Tragweite und Wirkung in Bewegung bringt. Wir bedenken nicht genug, wie viele Leute eine Scheu haben, ihre Ahnungslosigkeit offenbar werden zu lassen, und dankbar für jede Hilfe sind, die sie reicher mit Wissen erfüllt. Wir selber gehören ja manchmal zu solchen Leuten, jeder auf besonderen Gebieten.

Ebenfalls wird sich in Zukunft zweifellos ein ganz neuartiges Streben auf die Wände und Flächen der Industriehöfe und -anlagen richten, um das Wissen um die zahllosen großen und kleinen Pflanzen immer klarer zu stellen, die auch unter ungünstigen Verhältnissen dort prächtig und dauerhaft gedeihen.

Aber nun heißt's wieder: Die *Sorte* ist das Schicksal des Gartens. Also nehme man für sich

Die Chrysanthemum-Indicum-Hybride 'Rosensilber' ist eine Sorte des Koreanum-Typs. Der deutsche Name »Winteraster« will nicht so recht passen.

und andere die Sortenfrage, also die Frage der Hochqualität, die allein uns frei und froh macht, nicht nur denkbar ernst, sondern vertraue auch nur solchen Sortenlisten, die auf unerbittlicher Dauerprüfung beruhen. Solche Listen sind ja sowohl Wertpapiere für den Gartenfreund und Gartengestalter als auch für den Weitergang der züchterischen Arbeit. Je ernster diese lebenslangen und jahrelangen Listenarbeiten durchgeführt wurden, die nun ihren Platz in unsern Büchern erhielten, um so gelassener kann dann im Lauf langer Jahre die letzte jeweilige Modernisierung erfolgen. Also lassen wir hier Ideal-Listen der blühenden Herbst- und Spätherbststauden folgen. Es handelt sich ausschließlich um überraschende Werte. Das Nichtüberraschende wurde weggelassen.

Es ist durchaus lohnend und reizvoll, eine breite Staudenrabatte der Oktober- und Novemberstauden zu pflanzen. Die Dahlien werden dann zwar sehr oft nicht mehr mitblühen, falls man nicht Stellen bevorzugte, an denen sie über die ersten Fröste hinwegkamen. Die günstigsten Plätze für den Spätflor der Dahlie sind etwas höhergelegene Partien des Gartens, die aus der Nachbarschaft hoher Bäume nächtlichen Zuzug an warmer Luft bekommen. Die späten Silberkerzen, also *Cimicifuga simplex* 'Armleuchter' und vielleicht auch *C. japonica*, sind ganz besonders wertvolle Nachbarn in der Nähe von tischhohen Stauden. Auch die weiße Oktober-Margerite gehört auf solche Rabatten. Als vordere Einfassung wären die Polarmargerite und ihre Edelsorten vorzuschlagen, die man später mit dem Spaten in ihren üppigen Polstern bequem bändigen kann. Es ist kein Ende der Vorschläge und Berichte, der Warnungen und der Ermutigungen. Wir wollen aber hier kein dickes Buch schreiben, das dann so unbequem in der Hand liegt.

Ein seltsamer Gruß aus den nördlichen Gefilden ist die Polar-Margerite, *Chrysanthemum arcticum*. Sie blüht im Oktober.

Eine recht große Zahl aller hier genannten Pflanzen verträgt in voller Blüte Herbstfröste. Eine andere übergroße Zahl kommt im Knospenstadium über die Fröste hinweg und blüht nachher wochenlang weiter. Ein Hauptfehler dürfte die ungeduldige, zu enge Pflanzung sein, welche später verhindert, daß die schönen Einzelkissen und -büsche zu ihrem Recht kommen. Auch deswegen ist die Mitverwendung von Dahlien an den noch freien Plätzen zweckmäßig.

Den vorderen wegbegleitenden Rand solcher Rabatte sollte man allmählich auf Kosten der Wegbreite in eine geschwungene Linie auflösen und manchmal von den geradlinigen »Kegelbahnen« abgehen. Hierdurch kann man im Innern der Rabatte Einzelpflanzungen kulissenartig gegen andere vorschieben, was wiederum mancherlei Bedeutung für Reize des Raums und der Beleuchtung hat. Wer die Kleinstauden, welche in den letzten sechs Wochen des Gartenjahrs erblühen oder noch blühen, nicht in Steingärten oder in besonderen erhobenen Kleinstaudenrabatten verwenden will, der sollte den Pflanzungen der Groß- und Mittelstauden zuweilen einen langen Streifen dieser spätblühenden Kleinstauden vorlagern und ihn durch einen zwanzig Zentimeter breiten Tretweg gegen die größeren Gewächse absetzen. Hierbei können neben Blütengewächsen natürlich auch kleine Beerenschmuckstauden, kleinste Zwerggehölze von besonderem Herbstwert und Gräser mittun. Von den Staudengräsern im Herbst ist zu berichten, daß September, Oktober und November eine Hauptfestzeit für diese prachtvollen Pflanzen darstellen. Neunundneunzig von hundert Lesern wissen hierbei natürlich noch

Die Zwerg-Scheinzypressen erreichten in der Sorte 'Dwarg Blue' die bisher blaueste Form und bleiben dazu in steingartenverträglicher Größe.

gar nicht, wovon man eigentlich redet. Deswegen ist auch hier eine Grundliste der Schätze erster Klasse notwendig oder wenigstens ein Hinweis darauf, daß solche Listen des Autors bereits existieren, der sich der Pflege der Staudengräser seit Jahrzehnten mit Leidenschaft hingegeben hat. Viele Prachtgräser haben im Herbst ihre Blütezeit, durchlaufen gleichzeitig in ihrem Laubwerk feine Tönungen, die sich oft im letzten Spätherbst und Winter noch reizvoll verwandeln, wie es ja auch beim Schilf geschieht. Wer Herbstgarten sagt, muß natürlich auch Silberfahnengras und Kupferhirse, Riesenpfeifengras und Lampenputzergras sagen!

Gegen das Übermaß der Freude an all diesen herausgesiebten Herrlichkeiten, die auf jedermanns Garten warten, gab es für den Autor nur den schmalen Ausweg, Bücher zu schreiben.

Die Steingärten und andere Naturgartenpartien des Oktober halten uns mit ihren alten und neuen Pflanzen bis in den November hinein in Atem. Wenn der Flor der edelsten Herbstzeitlosen, die wir in unserer Liste nennen, abklingt, sind schon wieder die schönsten Herbstkrokusse am Werke, diese gartengetreuen Geschöpfe, deren Lebensstärke und Überwinderkraft selbst den Anpassungskräften des Frühlingskrokus noch überlegen sind. Beide werden von der noch immer blühenden *Erica vagans* in weißen und rosafarbenen Polstern begleitet. Den Felsenmispeln mit ihren roten Beeren, unersetzlich im Steingarten, ist ein gedrungenes Wachstum anerzogen, was sie auch in kleineren Steingärten verwendbar macht. So etwas trägt die Marke *Cotoneaster adpressus* 'Little Gem'.

Zwischenpausen werden durch Clowns ausgefüllt, also durch Blumen, die uns auf den ersten Anblick so erscheinen: Die Dreihöckerblume mit dem Rufnamen *Tricyrtis hirta*, die so aussieht, als wenn der Mann im Monde sie auf

Am alten Standort vergißt das Silberfahnengras das Blühen, die Herbstfärbung stellt sich aber dennoch ein.

seinem Fensterbrett kultivierte, blüht lange mit unwahrscheinlich seltsamen Blumen. Zuerst denkt man oft: Wie seltsam, – bis wir die Seltsamkeit als den Mantel neuer, abgründiger Schönheit durchschauen und uns, nach einem alten Mystikerwort »den Gesängen der Kräuter zu Gott nachhängend«, von Gefühlsrechthabereien unseres kleinen Ichs gegenüber dem großen Du, dessen Organ wir sind, zu lösen gewöhnen.

Wenn man von all diesen vornehmen und zutraulichen Pflanzen so redet und sie so beschreibt, wie es üblich ist, dann ist das alles ein großes Abstraktum gegenüber der Fülle von Erlebnissen, die sie uns in Tau und Morgenschatten, im allerersten feierlichen roten Morgenlicht, beschattet von tauschweren Gräsern, oder in abendlichen Novemberbeleuchtungen schenken, zumal wenn noch die aufschließende Kraft wohlberechneter Nachbarschaft dazukommt.

Es treffen sich hier sehr häufig noch lauter Pflanzen in ihren Schönheitsverbrüderungen miteinander, die wir durch Wochen in ihrer Blütezeit voneinander getrennt glaubten. Die Vorläufer-Schneerose, *Helleborus niger* 'Praecox', diese zuverlässige, früh und lange blühende edle Schneerosenart aus den Ostgebirgen, hat überraschende Freundschaft geschlossen mit dem fußhohen Oktober-Steinbrech, dem herrlichen Findling auf kleiner japanischer Insel. Wie wenig Platz beanspruchen in unserm Garten diese späten Lieblichkeiten, und wie leicht finden sie vielerlei biologisch genügende und schönheitlich wirksame Dauerstätten. Doch welchen Raum nimmt so etwas in unserer Freude ein! Weiß ist eine dienende Farbe, also bitte den beiden Genannten als Nachbarn die neuen kleinen rotbeerigen Felsenmispeln, das Tibet-Geranium, *Geranium pylzowianum*, mit seinem roten Herbstlaub oder kleine Blaugräser zugeben. Die Pflanzenauswahl für reizvolle Benachbarung wird immer größer, auch wenn man, wie im vorliegenden Fall, halbschattige Plätze zu wählen hat. Manchmal tut uns auch der gewohnte Nachflor einer Pflanze, den wir ganz vergessen hatten, den Gefallen, einer anderen Pflanze und Farbe die gewünschte Nachbarschaft zu gewähren. Bei vielen Pflanzen ist ein zweiter reicher, später Nachflor so stark und sicher, daß man staunt, in Büchern diese Pflanze überall ohne die Auszeichnung ihres Doppelwertes zu finden. Denke an das Baikal-Helmkraut oder an die *Salvia* × *superba* und *S.* × *superba* 'Mainacht', diese schönen Salbeien. Auch die Dalmatiner Teppichglocke, *Campanula portenschlagiana*, hält herbstliche Farbenüberraschungen bereit und blickt erstaunt zur Wachsglocke, *Kirengeshoma*, auf.

Was manche kleinere oder größere Pflanze uns eigentlich sagen will, bleibt uns ewig rätselhaft. Wir haben ja schon alle Hände voll zu tun, um Fühlung jeder Art mit ihr und ihren Verwandlungen zu gewinnen. Was will der Feuergünsel vom Kulturmenschen und was sein Bruder, der Silbergünsel, welche beide noch im herbstlichen Steingarten in der Nachbarschaft von blaugrüner Steinwurz und blaugrünen Polstergräsern unsern Blick wer weiß wie oft gefangennehmen! Auch das Oktober-Sedum und die Silberfeder gehören zu solch kleinem Konventikel unter den laubschönen Kleinstauden, die alle eigentlich recht vieler Pflege wert wären, aber nicht die geringste verlangen. Sie wollen zunächst von uns, daß wir ihnen an rechten Gartenplätzen kleine Wünsche erfüllen und zum Gespräch mit erfreulichen Partnern verhelfen.

Im Wasserbecken und Ufergärtchen geht noch der Wasserrosenflor ein wenig weiter. Tradescantien, also Dreimasterblumen, in Weiß, tief Dunkelblau, Hellblau und Karminrot bilden im Anfang des Monats einen Farbentrupp im Uferpflanzencharakter, werden im Alter erstaunlich wuchtig und lassen sich im Blühen nicht durch die hellgelbe Herbstlaubfarbe der großen Taglilie, *Hemerocallis citrina*, beirren.

Trollius in bestimmten Edelsorten blühen hier noch unermüdlich. Manchmal übernimmt ein herbstbunter Strauch oder Staudenhorst unerwartet eine Dirigentenrolle inmitten seiner Umgebung und hält diese Würde vierzehn Tage lang aufrecht, um etwa zum Schluß noch einem neuen blauaufsteigenden Blumenstrahl Reverenz zu erweisen.

Längst ist nun die große Zeit der schönsten Astern und Chrysanthemum in ihren Haupttypen herangekommen, die uns nicht nur durch das erregen, was sie sind, sondern die alle schon von dem erregenden Fluidum weiterer Schönheitsaufstiege umspielt sind, ohne die kein Herbst mehr verläuft.

Es ist uns Anbetern des herbstlichen dionysischen Überflusses fast unmöglich geworden, uns in Menschen hineinzudenken, die ihre Herbste freiwillig oder fahrlässig jenseits dieser

Der Feuerdorn ist zu Recht beliebt, als Hecke, als Solitär, als Vogelzweig und -nährgeholz. Die Sorte 'Orange Glow' ist nahezu schorffrei.

monatelangen Schönheiten verbringen, welche uns die Geheimnisse des Herbstes so tief verkörpern und deuten helfen und seine Zeiträume so reich zu weiten vermögen.

Stauden-Astern

Nur Sterne erster Größe werden hier genannt, alles Halb- oder Dreiviertelgute ist weggelassen, auch wenn es noch halbwegs eine Lücke auszufüllen schien.

Zahlenangabe = Höhe zur Blütezeit in cm

1. Alpen-Astern, Mai/Juniblüher

Aster alpinus 'Abendschein', rosa, gefüllt, 25

– – 'Albus', weiß, 30

– – 'Dunkle Schöne', dunkelviolett, 30
– – 'Goliath', zartblauer Riese, 30
– – 'Happy End', rosa, 25
– – 'Sabine', mittelblau, gefüllt, 20
– – 'Susanne', weiß gefüllt, 20
– – 'Weiße Schöne', weiß, großblumig, 30

2. Frühsommer-Astern, Juni/Juliblüher
Aster × alpellus 'Triumph', violettblau, 30
– *amellus* 'Praecox Junifreude', hell-lavendelblau, 40
– *tongolensis* 'Berggarten', lilablau, 40
– – 'Berggartenzwerg', leuchtend blau, 20
– – 'Leuchtenburg', violett, 50
– – 'Napsbury', tiefviolett, 50
– – 'Wartburgstern', blauviolett, 40

3. Berg- und Heide-Astern
August/Septemberblüher
Aster amellus 'Berggeist', hell-lilablau, 70
– – 'Blütendecke', hellblau, 50
– – 'Breslau', blauviolett, 50
– – 'Dr. Otto Petschek', lavendelblau, 60
– – 'Silbersee', silberblau, früheste, 60
– × *frikartii* 'Wunder von Stäfa', hellblau, 70
– *pyrenaeus* 'Lutetia', zartlila, 70

September/Oktoberblüher
Aster amellus 'Glücksfund', blauviolett, 50
– – 'Lady Hindlip', rosa, 50
– – 'Mira', dunkellila, 40
– – 'Rosa Erfüllung', reinrosa, 50
– – 'Sonora', dunkelviolett, 60
– – 'Sternkugel', zartviolett, 50
– – 'Veilchenkönigin', dunkelstes Lila, 40
– *divaricatus*, weiße Sterndolden-Aster, Schatten vertragend, 60
– *linosyris*, Goldhaar-Aster, goldgelb, 50
– *sedifolius* 'Nanus', Sternblüten-Aster, hellila, 30
– *vimineus* 'Lovely', Ruten-Aster, rosa, 60

4. Kissen-Astern
ab Anfang September blühend
Aster dumosus 'Heinz Richard', dunkelrosa, 30
– – 'Herbstgruß vom Bresserhof', rosa, 40
– – 'Herbstpurzel', blauviolett, 25
– – 'Jenny', purpurrot, 40
– – 'Lady in Blue', reinblau, 40
– – 'Nesthäkchen', tiefrosa, 20
– – 'Rosenwichtel', dunkelrosa, 15
– – 'Schneekissen', weiß, 25

ab Ende September blühend
Aster dumosus 'Kassel', karminrot, 40
– – 'Kristina', weiß, 40
– – 'Mittelmeer', azurblau, 40
– – 'Pacific Amarant', blauviolett, 50
– – 'Prof. Anton Kippenberg', lavendelblau, 40

Keine andere Kissen-Astern-Sorte erreicht die Leuchtkraft der von 'Jenny'.

Dieser Asternzwerg, die Sorte 'Rosenwichtel' begnügt sich sogar mit der engen Ritze zwischen zwei Eisenbahnschwellen.

– – 'Silberteppich', silberblau, 40
– – 'Starlight', weinrot, 40
– – 'Wachsenburg', purpurrosa, 40

5. Schleier- und Erika-Astern des September/Oktober
Aster cordifolius 'Ideal', Schleier-Aster, lichtblau, 100
– *ericoides* 'Blue Star', Erika-Aster, violettblau, 80
– – 'Erlkönig', hellviolett, 120
– – 'Esther', lilarosa, 100
– – 'Herbstmyrte', weiß, 100
– – 'Ringdove', violettrosa, 80
– – 'Schneetanne', weiß, 120
– *laevis* 'Blauschleier', Oregon-Aster, lichtblau, 140
– *lateriflorus* 'Horizontalis', rosalila, 70
– *pringlei* 'Monte Cassino', Myrten-Aster, weiß, 120
– – 'Pink Star', hellrosa, 120

6. Rauhblatt-Astern des September/Oktober
Aster novae-angliae 'Abendsonne', hochrote Riesenbüsche, 170
– – 'Alma Pötschke', lachsrot, niedrig, früh, 100
– – 'Andenken an Paul Gerber', violett, 150
– – 'Barr's Blue', tief blauviolett, 160
– – 'Herbstschnee', cremeweiß, großblumig, 120
– – 'Rosa Sieger', lachsrosa, ohne Fehler, 130
– – 'Rubinschatz', rubinrot, großblumig, 150
– – 'Rudelsburg', leuchtend lachsrosa, 100
– – 'Treasure', dunkelviolett, 150

Rauhblatt-Astern, im Bild wird 'Alma Pötschke' gezeigt, haben ihre Heimat in Nordamerika.

7. Glattblatt-Astern
ab Anfang September blühend
Aster novi-belgii 'Bewunderung', altrosa, 100
– – 'Bonningdale White', weiß, großblumig, gefüllt, 80
– – 'Brigitte', hell-lavendelblau, 100
– – 'Fuldatal', purpurviolett, großblumig, 100
– – 'Karminkuppel', karminrot, 80
– – 'Marie Ballard', hellblau, gefüllt, 100
– – 'Rosaperle', leuchtend rosarot, 120
– – 'Rosenquarz', hellrosa, 100

ab Ende September blühend
Aster novi-belgii 'Blütenmeer', hell-lila, kompakt, 70
– – 'Dauerblau', blauvioletter Langeblüher, 140
– – 'Fellowship', hellrosa, gefüllt, 100
– – 'Gayborder Splendour', cyclamenrosa, 80
– – 'Patricia Ballard', karminrosa, gefüllt, 90
– – 'Royal Ruby', purpurrot, gefüllt, 60
– – 'Schneeberg', weißer Riese, 140
– – 'Schöne von Dietlikon', tief blauviolett, 140

ab Anfang Oktober blühend
Aster novi-belgii 'Blaue Nachhut', wichtiger hellblauer Spätblüher, 120
– – 'Crimson Brocade', purpurrot, 90
– – 'Helene', lavendelblau, 80
– – 'Steinebrück', weiß, 150
– – 'Violetta', tiefvioletter Langeblüher, 80
– – 'Weißer Elefant', weiße Riesenbüsche bis zum Frost, 150

Winterharte Garten-Chrysanthemen

Zahlenangabe = Höhe zur Blütezeit in cm

1. Blühbeginn Ende August bis Ende September
'Altgold', kupferfarbige Pomponsorte, 50
'Bronzeteppich', rotbraun-orange, 50
'Citronella', leuchtendgelb, gefüllt, 80
'Citrus', hellgelb, halbgefüllt, 80
'Duchess of Edinburgh', weinrot, 60
'Erntekranz', chromgelb, gefüllt, 50
'Herbstsonate', ein frischrosa Blütensturm, 80
'Rotfuchs', leuchtendrot, einfach, 70
'Septemberrose', leuchtendes Rosa, einfach, sehr früh, 70

2. Blühbeginn Ende September bis Mitte Oktober
'Burgunder', karminrot, einfach, 90
'Cinderella', kräftigrot, einfach, 90
'Cydonia', leuchtend mahagonirot, gefüllt, 60
'Goldball', tief goldgelbe Ballform, 70

Noch Ende Oktober liefert die Winterasternsorte 'Vesuv' glühend rote, zwei Wochen lang haltbare Vasenblumen.

'Goldmarianne', goldgelb mit Bronzeton, 80
'Hebe', einfache hellrosa Blüten, 70
'Isabellarosa', gelblich-rosa, sehr winterhart, 70
'Karminsilber', karminrot, silbrige Spitzen, gefüllt, 80
'L' Innocence', rosaweiß, einfach, hart, 70
'Ordensstern', goldbronze, gefüllt, 90
'Romantika', rosa, gefüllt, 70
'Schneesturm', cremeweiß, gefüllt, 50
'Schwabenstolz', rot, gefüllt, mit Bronzeton, 70
'Schweizerland', lilarosa, 70

3. Blühbeginn ab Mitte Oktober

'Golden Rehauge', goldgelbe Pomponsorte, 60
'Havelsonne', goldgelb, gefüllt, 80
'Nebelrose', silberrosa, gefüllt, wie ein altes Volkslied, 80
'Novembersonne', goldgelbe Kolossalsträuße noch im November, 80
'Rehauge', warmbraune Schwester von 'Golden Rehauge', 60
'Rosensilber', warmhellrosa Flor, 90
'Vesuv', leuchtendrot, halbgefüllt, 80

Die Chrysanthemum-Indicum-Hybride 'Goldball' ist ein heiterer Farbtupfer im herbstlichen Garten.

Oktoberblüher
Schon und Noch

Stauden

Aconitum × arendsii, später Eisenhut, azurblau
Anaphalis triplinervis 'Silberregen', weißes Perlkörbchen
Anemone-Japonica-Hybriden, Herbst-Anemonen in vielen Farben
Aster amellus, Berg-Aster, späte Sorten
– *cordifolius* 'Ideal', Schleier-Aster, hell-lilablau
– *dumosus*, Kissen-Aster, Spätsorten
– *ericoides*, Erika-Aster in vielen Sorten
– *novae-angliae*, Rauhblatt-Aster, Spätsorten
– *novi-belgii*, Glattblatt-Aster, Spätsorten
Campanula poscharskyana, Hängepolster-Glocke, Nachblüte
Ceratostigma plumbaginoides, Chinesischer Bleiwurz, azurblau
Chrysanthemum arcticum, Polar-Margerite, weiß
– – 'Roseum', zartrosa Massenblüher
Chrysanthemum-Indicum-Hybriden, siehe voranstehende Liste
– *serotinum*, weiße Oktober-Margerite
Cimicifuga simplex 'Armleuchter', Oktober-Silberkerze
Corydalis lutea, Gelber Lerchensporn, Nachblüte
Gentiana sinoornata, Herbst-Enzian, azurblau
Helianthus atrorubens, Edel-Sonnenblume, goldgelb
– *salicifolius*, Papyrus-Sonnenblume, gelb
Helleborus niger 'Praecox', Vorläufer-Schneerose
Physostegia virginiana, Etagenerika in Sorten, Nachblüte
Polygonum affine, Schecken-Knöterich, weiß-rosaroter Nochblüher
Rudbeckia nitida 'Herbstsonne', Fallschirm-Rudbekkie, gelb
Saxifraga cortusifolia var. *fortunei*, Oktober-Steinbrech, weiß
Scabiosa caucasica 'Blausiegel', ein Nochblüher unter den Skabiosen
Sedum sieboldii, rosa Oktober-Sedum
– *telephium* 'Herbstfreude', Herbst-Sedum, braunrot
Tricyrtis hirta, Dreihöckerblume, weiß-lila
Viola cornuta 'Blaues Wunder', violettblaues Horn-Veilchen, Nachblüte
– *odorata* 'Königin Charlotte', Duft-Veilchen, Herbstblüte

Gräser

Achnatherum brachytricha, Diamantgras, graurosa schimmernd
Andropogon scoparius, Bartgras, rötlichgrüne Blüten
Calamagrostis × acutiflora, Garten-Sandrohr, fahlgelbe Büsche
Chasmanthium latifolium, Plattährengras, braun

Der Gelbe Lerchensporn blüht schon im April und verblüht noch im Oktober, damit hält er den Rekord im Langeblühen.

Der Herbst-Enzian *Gentiana sinoornata* wurde in viele Sorten aufgefächert. Hier wetteifern 'Hohensteiner Zwerg' und 'Hohensteiner Silber' miteinander.

Cortaderia selloana, Pampasgras, mehrere Sorten, silbrige Wedel
Miscanthus sacchariflorus 'Robustus', Silberfahnengras (wuchernd!)
– *sinensis* 'Malepartus', rotblühendes Chinaschilf
– – 'Silberfeder', silbriger Partner zu voriger Sorte
Molinia arundinacea, Riesen-Pfeifengras, goldgelb
Panicum virgatum 'Strictum', Ruten-Hirse, hellbraun
– – 'Rotstrahlbusch', Kupfer-Hirse, rotbraun bis kupferrot
Pennisetum alopecuroides, Lampenputzergras, hellrotbraun
Sorghastrum avenaceum, Goldbartgras, goldbraun

Blumenzwiebeln
Frühherbstblüher
Colchicum autumnale, Herbst-Zeitlose, rosalila
– – 'Album', weiße Herbst-Zeitlose
– *byzantinum*, lilarosa Stern-Zeitlose
– *neapolitanum*, Neapel-Zeitlose mit schlanken, lilarosa Blüten
– *speciosum* var. *bornmuelleri*, rötlichlila Riesen-Zeitlose
– – Hybride 'Prinzess Astrid', rubinviolett gewürfelt auf weißem Grund
Crocus kotschyanus, Ring-Krokus, rosalila mit gelbem Kelch
– – 'Albus', reinweiß, Kelch ebenfalls gelb
– *speciosus*, Pracht-Krokus, stahlblau
– – 'Albus', seltene weiße Form
– – 'Artabir', hellblau, dunkel geadert
– – 'Cassiope', hellviolettblau
– – 'Oxonian', tief violett
– – 'Pollux', hell violett, außen silbrig
Cyclamen hederifolium, Efeublatt-Alpenveilchen, rosa
– – 'Album', Schnee-Alpenveilchen
Scilla autumnalis, Herbst-Blaustern, rötlichblauer Sonderling
Sternbergia lutea, Sternbergie, herbstlicher »Gold-Krokus«, Winterschutz

Spätherbstblüher
Colchicum autumnale 'Albi-Plenum', gefüllte Schnee-Zeitlose
– – 'Plenum', gefüllte rosalila Form
– *byzantinum* var. *cilicicum*, cilicische Stern-Zeitlose
– Hybride 'Conquest', dunkelpurpurviolett mit Würfelmuster
– – 'Lilac Wonder', zartfliederfarben
– – 'The Giant', malvenlila mit weißem Schlund
– – 'Waterlily', warmrosalila Blütenwunder, gefüllt
– *speciosum*, Kaukasus-Zeitlose, hellviolett
– – 'Album', reinweiße Form
– *variegatum*, späte Schachbrett-Zeitlose, rosalila
Crocus banaticus, Siebenbürgener Krokus, lila

Der prächtigste Herbst-Krokus ist *Crocus speciosus*, dessen Blüten wie auf Stelzen stehen.

– *cancellatus*, Gitter-Krokus, lilablau
– *longiflorus*, Herbstduft-Krokus, purpurlila
– *nudiflorus*, Pyrenäen-Krokus- violett
– *pulchellus*, Lavendel-Krokus, lilablau, Schlund orange
– – 'Zephyr', getöntes Weiß, außen perlgrau
– *sativus* var. *cashmirianus*, Safran-Krokus, tiefviolett

Herbstfärbende Laubgehölze *auch für kleinere und mittlere Gärten, die Laubfärbung wird mit genannt.*

Acer circinatum, Rundblatt-Ahorn, 5 m, auffallend rot
– *ginnala*, Feuer-Ahorn, 5 m, leuchtend purpurrot
– *japonicum*, Japanischer Ahorn, 4 m, prächtig karminrot, mehrere Sorten
– *palmatum*, Fächer-Ahorn, 4 m, purpurrot, mehrere Sorten
– *tataricum*, Tatarischer Ahorn, 5 m, hellrot bis gelb
Amelanchier florida, Florida-Felsenbirne, 4 m, karminrot
– *lamarckii*, Kupfer-Felsenbirne, 8 m, orange bis karminrot
Aronia arbutifolia, Rote Apfelbeere, 2 m, leuchtend braunrot
Berberis aristata, Trauben-Berberitze, 3 m, feuerrot
– *thunbergii*, Scharlach-Berberitze, 2 m, scharlachrot
– *wilsoniae*, Korallen-Berberitze, 1,5 m, gelbrot
Carpinus caroliniana, Amerikanische Hainbuche, 6 m, scharlachrot
Cercidiphyllum japonicum, Judasbaum, 6 m, orange bis rot
Chionanthus virginicus, Schneeglöckchenstrauch, 4 m, gelb
Cornus florida, Blumen-Hartriegel, 8 m, erst violett, dann scharlachrot
– *sanguinea*, Blut-Hartriegel, 4 m, dunkel- bis purpurrot
Cotoneaster divaricatus, Chinesische Felsenmispel, 2 m, scharlachrot
– *horizontalis*, Fächer-Felsenmispel, 0,5 m, orange- bis scharlachrot
Crataegus crus-galli, Hahnendorn, 8 m, orangerot
Euonymus alata, Kork-Spindelbaum, 5 m, dunkelrot
Hamamelis japonica, Japanische Zaubernuß, 2,5 m, leuchtend gelb
– *virginiana*, Virginische Zaubernuß, 3 m, gelb
Liquidambar styraciflua, Amberbaum, 8 m, gelb bis tiefpurpurrot
Malus toringo, Toringo-Apfel, 3 m, gelb-rot
Parrotia persica, Eisenholz, 6 m, scharlachrot mit goldgelb
Photinia villosa, Glanzmispel, 4 m, goldgelb bis rot
Rhododendron luteum, Pontische Azalee, 2 m, gelb bis leuchtend rot
– *schlippenbachii*, Rosen-Azalee, 1,5 m, goldgelb
Rhus typhina, Essigbaum, 6 m, orange bis scharlachrot
Rosa rugosa, Apfel-Rose, 1,5 m, goldgelb bis orange
Stephanandra incisa, Kranzspiere, 1,5 m, dunkel braunrot
Viburnum opulus, Schneeball, 4 m, wein- bis feuerrot

Zieräpfel, wie dieser *Malus siebaldii* 'Arborescens' sind wirkungsvolle Beerenschmucksträucher und liefern eine willkommene Winternahrung für Vögel.

Als immergrüner Teppich hat die *Cotoneaster*-Sorte 'Jürgl' schon weite Verbreitung gefunden. Auch ihr Beerenschmuck ist beachtlich.

Mahonien-Sorten wie 'Pamina' schlagen mit ihrem Beerenschmuck ganz neue Töne bei den immergrünen Laubgehölzen an.

Der Sanddorn gilt als Pioniergehölz zur Dünenbefestigung. Auch sein Wert als Vitaminspender ist anerkannt. Die Sorte 'Leikora' trug dazu bei.

Schönste Beerenschmucksträucher *geordnet nach Fruchtfarben*

Rote Früchte
Aronia arbutifolia, Rote Apfelbeere
Berberis thunbergii, Scharlach-Berberitze
– *wilsoniae*, Korallen-Berberitze
Cotoneaster divaricatus, China-Felsenmispel
– *horizontalis*, Fächer-Felsenmispel
– *multiflorus*, Dolden-Felsenmispel
– *salicifolius*, Hängebeeren-Felsenmispel
Crataegus crus-galli, Hahnendorn
Euonymus europaeus, Europäisches Pfaffenhütchen
– *nanus* var. *turkestanicus*, Zwerg-Pfaffenhütchen
Ilex aquifolium, Stechpalme
Malus × purpurea, Purpur-Apfel
Photinia villosa, Glanzmispel
Pyracantha coccinea, Feuerdorn
Rosa canina, Hunds-Rose
– *rugosa*, Apfel-Rose
Viburnum opulus, Schneeball

Schwarze Früchte
Aronia melanocarpa, Schwarze Apfelbeere
Berberis × stenophylla, Gold-Berberitze
Cotoneaster lucidus, Glanz-Felsenmispel
Ligustrum ovalifolium, Liguster
Ribes aureum, Gold-Johannisbeere
Viburnum lantanum, Wolliger Schneeball
– *rhytidophyllum*, Runzelblatt-Schneeball

Blaue Früchte
Amelanchier ovalis, Silber-Felsenbirne
Berberis gagnepainii, China-Berberitze
– *julianae*, Büschel-Berberitze
– *verruculosa*, Dornblatt-Berberitze
Callicarpa japonica, Schönfrucht
Chionanthus virginicus, Schneeglöckchenstrauch
Decaisnea fargesii, Blaubohnenstrauch
Lonicera pileata, Liguster-Heckenkirsche
Mahonia aquifolium, Mahonie
Prunus spinosa, Schlehe

Weiße Früchte
Cornus alba, Tatarischer Hartriegel
Symphoricarpos albus var. *laevigatus*, Schneebeere

Gelbe Früchte
Choenomeles speciosa, Scheinquitte
Eleagnus angustifolia, Ölweide
Hippophae rhamnoides, Sanddorn (einige Formen)
Malus floribunda, gelber Zier-Apfel
Pyracantha coccinea 'Golden Sun', gelber Feuerdorn

Herbstfärbende Klettergehölze

Actinidia arguta, Japanischer Strahlengriffel, hellgelb
– *kolomikta*, Amur-Strahlengriffel, Blätter im oberen Teil weiß, später rosa und rot
– *polygama*, Bunter Strahlengriffel, Blätter gelblich gefleckt mit roter Spitze

Die Bärentraube, *Arctostaphylos ura-ursi*, breitet ihre kräftig grünen Teppiche in europäischen, in amerikanischen und asiatischen Gebirgen aus. (oben)

Leider zu selten wird *Akebia quinata* in Gärten gepflanzt. Sie schlingt bis zu 6 m hoch, ihre lilafarbenen Früchte sind eßbar.

Ampelopsis aconitifolia, Dolden-Scheinrebe, gelb bis purpurrot
Celastrus orbiculatus, Baumwürger, goldgelb
Euonymus fortunei 'Coloratus', Kletter-Spindel, purpurrot
Parthenocissus quinquefolia, Wilde Zaunrebe, gelb, rot, karmin
– *tricuspidata*, Efeu-Zaunrebe, gelb, scharlach bis dunkelrotbraun
Vitis coignetiae, Japan-Weinrebe, scharlach- bis karminrot

Schönfruchtende Klettergehölze

Actinidia arguta, Japanischer Strahlengriffel, gelbgrüne Früchte, eßbar
– *kolomikta*, Amur-Strahlengriffel, gelbgrüne Früchte, eßbar
– *polygama*, Bunter Strahlengriffel, Früchte gelb, bitter
Akebia quinata, Akebie, lila Früchte in roten Hüllen
Ampelopsis aconitifolia, Dolden-Scheinrebe, Früchte bläulich, später gelborange
– *brevipedunculata*, Ussuri-Scheinrebe, lila Beeren
Celastrus orbiculatus, Baumwürger, gelbrote Früchte
Clematis alpina, Alpen-Waldrebe, grüngoldene Federbüschel
– *tangutica*, Gold-Waldrebe, silbrige, langfedrige Samenstände
– *vitalba*, Silber-Waldrebe, silbrig glänzende Fruchtköpfe
Hedera helix, Efeu, schwarzblaue Früchte
Vitis coignetiae, Japan-Weinrebe, blau-schwarze Beeren, ungenießbar
– *labrusca*, Fuchs-Weinrebe, große, purpurviolette Beeren, eßbar
– *riparia*, Duft-Weinrebe, rötlich-schwarze Beeren, nicht wohlschmeckend

Winter
Ende November bis Ende Februar

Reif und Schnee erzeugen ständig wechselnde Bilder
im winterlichen Koniferengarten.

Der Winter ist die längste aller Jahreszeiten; er dauert von Ende November bis Ende Februar, ja mit Ausläufern bis in den März hinein. »Hälfte des Lebens«, klagt der vor hundertfünfzig Jahren noch winterfremde Hölderlin. Aber Winter ist kein Wartesaal. Warten mordet Zeit. Dies ist nur heilbar durch innere und äußere Umschaltung unseres Lebens.

Unsere bisherige Haltung zum großen Phänomen Winter ist erstaunlich unzureichend und empfindungsarm. Kaum je findet man bei jung und alt wirkliche Begriffe dessen, was sich im Winter im Naturleben unserer Zone begibt, abgesehen von der schon aufsteigenden großen Linie des Wintersports. Und doch wird das Winterleben dereinst ganze Bücher mit Überraschungen füllen.

Was aber kommen wird und kommen soll, muß auch schon unsere heutigen Gedanken und Empfindungen beschäftigen. Kommen werden Zeiten, in denen auch für alle die Menschen, die bisher am stärksten mit Winterleiden belastet sind, diese Lasten auf ihr absolut unvermeidbares Gewicht herabgedrückt sind. Kommen werden Zeiten, in welchen man die Sendung des Winters im Naturleben und auch in unserm Geistes- und Seelenleben neu und lebendig verstehen und ihr nachleben wird. Eine viel beweglichere Menschheit wird ihn auch überall in den Ländern reicher landschaftlicher Schönheit, mit oder ohne Schnee, am Werke sehen. In unsern Büchern wurde es aber auch unternommen, für die tief erregenden Eindrücke langer winterlicher Fahrten durch schlichte, schneelose Winterlandschaft, welche die Mitreisenden gar nicht erregten, die gebührenden eindringlichen Worte zu finden. Hat uns doch auch die winterliche Natur der Landschaft ohne Schnee unendliche Worte zu sagen, denen sich mehr und mehr eine höhere optische Musikalität unseres Sinnes eröffnet.

Zu den anschaulichen Zeichen einer solchen Lebensverwandlung in der Zukunft wird auch ein neuer Zustand der Gärten, Anlagen und Siedlungen gehören, in denen sich der Reichtum winterlicher Schönheitsfeste großer, mittelgroßer und kleiner Gehölze auftun wird. Die Leute haben keine Ahnung, wie wenig sie im Grunde kennen und wissen – und wie leicht sie dem abhelfen könnten.

Es ist noch in keiner Weise im deutschen Volke bekannt, welche wunderbare Würze der winterliche Garten von heute für unser ganzes Wintergefühl ausströmt. Die meisten Menschen stehen dem Winter irgendwie fremd gegenüber und ahnen gar nicht, welche erregenden Be-

Schwer lastet der Schnee auf den Zweigetagen von *Juniperus chinensis* 'Pfitzeriana'.

freundungen mit ihm von winterlicher Gartenschönheit aufgeschlossen werden können! Tiefster Gradmesser des Weltgefühls eines Menschen ist sein Verhältnis zum Winter, vor allem zum milden, dunklen Winter und zum Vor- und Nachwinter, auch zum letzten Spätherbst und ersten Vorfrühling.

Da die meisten Menschen ja noch sehr pflanzenblind sind, so sind sie auch winterblind; sie ahnen nicht, wie die Pflanze im Winter arbeitet, sondern denken: »Sie schläft«. Das Leben der Pflanzen- und Tierwelt aber pulsiert im Winter unausgesetzt weiter. Wir könnten die goldenen Eimer der Kraft- und Stoffverwandlung im verschneiten Hochwald auf- und niedersteigen sehen, während wir unterm Tannenbaum Weihnachtslieder singen!

Unbekannt ist vor allem meist das wundersame Winterleben der immergrünen großen und kleinen Pflanzen, die so entscheidend für die winterliche Wohnlichkeit unserer Gärten sind und auch den Anblick der winterkahlen oder braunlaubigen Gehölze so unersetzlich würzen. Es ist lachhaft, wie wenig vom reichen wintergrünen Schatz der Welt Gebrauch gemacht wird, diesem Hort optischer Erlebnisse und Kalorien, deren wir überall so dringend bedürfen und teilhaft werden können.

Winterschönheiten in größeren oder vor allem kleineren Gärten sind die noch so unbekannten Buschformen und Kleinbäume des Nadelholzreichs, die Zapfenfichte, Buschfichte, Trauerfichte, wüchsiger Wacholder, darunter nicht nur die Abenteurer ferner Wacholdergegenden, wie China, Japan und Virginien, sondern auch die unserer Heimat, welche gleichfalls phantastische, fast noch unbenutzte Sondereinfälle im schönen Wacholderreich hervorgebracht hat. Ferner sind da die Eiben in ihren Wildformen, ihren Säulen- und Schmuckformen und alle möglichen heiteren Varianten der Lebensbäume. Das ganze Nadelholzreich steht jetzt für kleinere Gartenräume jeder Art auch in »Taschenformaten« zur Verfügung. Es gibt schon zweihundert solcher kleinen Zwerg- und Edelformen.

Nadelhölzer sind ja auch die eigentlichen Schnee-Prachtentfalter im Garten und spielen hierfür eine Rolle wie Felsenufer für Brandungsschönheit. Aber auch der Wintersonnenschein auf allen immergrünen Gehölzen hat einen unvergleichlichen Zauber, der den Winter oft wie

Die Zwerg-Felsenmispeln sind eine vielgestaltige Familie. Hier leuchten die roten Beeren von *Cotoneaster salicifolia* 'Gnom' durch den Schnee.

verklärten, grünglägsernen Schlummer des Sommers erscheinen läßt. Manchmal steht ein altes Zwergnadelgehölz schneevermummt in der Sonne, die in der Mitte ein Schneeloch ins dunkelgrüne Innere geschmolzen hat, über dem ein kleiner, steiler Schwarm der Wintermücken spielt. Er tanzt dort aus Anhänglichkeit an seinen immergrünen Winterunterschlupf, der ihn auch gegen die größten Kältegrade schützt.

Über den Nadelhölzern wollen wir bitte die immergrünen Laubgehölze nicht vergessen. Die glattblättrige Stacheleiche, fast schöner als ein Lorbeer, ein Wintergeschenk, das man nicht genug ans Herz nehmen kann, – die herrlichen, im Alter mannshohen immergrünen Berberitzen, – den Kirschlorbeer vom Schipkapaß, mit dem man höhere Gewächse nach unten abbaut, – den großen immergrünen chinesischen Bambus vom Flusse Cham! In den immergrünen Laubgehölzen und ihrem Verkehr mit schönem Winterlicht webt oft noch größere winterliche Heiterkeit als in den etwas ernsteren Nadelhölzern.

»Ja, aber wo sollen wir all diese schönen Dinge herbekommen?« fragen halb neugierig, halb verdrießlich viele Leser in beengten Lebens- und Gartenverhältnissen. In eine wahre und reiche Gartenzukunft für alle gehört eben – ich sage dies gern noch hundertmal – auch die Ausbildung berufsmäßiger Gartenfürsorger oder -fürsorgerinnen, die also ein festes Gehalt von den Siedlungen oder aus dem Kreis der »Abonnenten« bekommen müssen und nur die Aufgabe emsiger Betreuung zeitbedrängter Menschen bei deren Schwierigkeiten in Nutzfragen und Schönheitsdingen ihres Gartens haben. Warten doch überall auch viel mehr höhere Bedürfnisse im Menschen, als es oft den Anschein hat, und sie werden wach, sobald das Übermaß der Hemmungen beseitigt wurde. Freie »Gartenarztwahl« ist vorzusehen. –

Auch das Kleinstaudenreich hält eine Fülle immergrüner Laubschönheit für den Winter bereit, die leider nur selten entdeckt wird. Man vergißt ja leicht, welch lange, schneelose Zeiten der Winter mit sich führt. Wir bringen hier eine kleine Winterhelden-Liste, die sich weiter Schritt für Schritt im Laufe der Zeit bereichern wird, aber immer nur *das* enthalten soll, was prachtvoll durch den ganzen Winter kommt. Bei der Pflanzung soll man – wie ebenfalls bei der Verwendung der auffallend schönen Kleinstauden, unabhängig von deren Winterverhalten – immer zwei bis drei farblich für einander bedeutsame Arten und Sorten benachbarn oder horstweise halbwegs durcheinanderflechten, um zu der eigentlichen juwelenhaften Feinheit der Wirkungen zu gelangen. Man ist es doch wohl diesen unerhörten Anerbietungen all der kleinen Pflanzenheroen schuldig, sie ernst zu nehmen.

Wir begeben uns nun auf das allerabenteuerlichste Wintergebiet, nämlich das der *Winterblüher* im Freien. Die Zahl und Schönheit auch dieser Wundergewächse ist ganz langsam im Steigen. Doch die ahnungslosen Menschen setzen der Sache ebensoviel Schwergläubigkeit entgegen, wie sie sonst oft voreilige Leichtgläubigkeit bereithalten. Wir wollen daher von unsern »Wintermärchen« nach Möglichkeit in der Reihenfolge ein wenig erzählen.

Die spätesten Garten-Chrysanthemen wie 'Herbstrubin', 'Nebelrose', 'Novemberschnee', 'Novembersonne', 'Rosalinde', 'Spätkarmin' sowie die große dunkellila Buschaster 'Treasure' darf man schon fast zu den Winterblühern rechnen. Wie oft haben wir in späten Novemberwochen aus ihrem Nachflor draußen noch Sträuße gepflückt. In flachen Vasen, wie sie die Keramiker jetzt für Gladiolen und Schwertlilien vorbereiten, setzt man sie auch gern ins Doppelfenster, wo sie oft noch blühen, wenn draußen vollverschneiter Winter ist.

Ein wunderliches Spiel trieben viele Winterkrokusse und viele Winterzeitlosen. Unser Leben reicht mal wieder nicht aus, all diese Sonderbarkeiten zu Ende zu beobachten. Der Rubin-Krokus, *Crocus banaticus*, wie auch der hell-lila *Crocus medius* blüht je nach Laune oder Wetter im Winteranfang, zwischen November, Dezember oder Januar.

Ehe wir noch mit dem Herbst zu Ende sind, müssen wir schon das Schneerosenmärchen erzählen: Die Ostalpen haben diesen Vorläufer der Schneerose hervorgebracht, *Helleborus niger* 'Praecox', dessen Flor schon im Oktober beginnt und bis in den Januar dauert. Eine absolut zuverlässige Staude, die nichts als Freude macht! Anfang Dezember folgt die große hochgestielte Advents-Schneerose, *Helleborus niger*

Noch vor dem eigentlichen Winter blüht bereits *Helleborus niger* 'Praecox', die Vorläufer-Schneerose. Ihre Blüten zeigen einen rosafarbenen Schimmer.

'Altifolius'. Dann erst beginnt in Gärten der Ebene die Schneerose unserer Alpen mit ihrem Flor, die ja in der Höhensonne um Wochen früher erblüht, ganz wie die Polarmargerite, *Chrysanthemum arcticum*, die hoch im Norden durch die arktische Sonne schon zum Augustflor gebracht wird, während sie bei uns ein Oktoberblüher ist. Von weiteren Schneerosen ist später zu reden. Noch im November erblüht ein mannshoher Strauch mit kleinen, wohlriechenden, glockenhaften weißen Blütengehängen, *Viburnum farreri*, die duftende Novemberschlinge, die merkwürdigerweise in einer Frühwinterform und einer Vorfrühlingsform vorkommt. Grund für ihre Seltenheit besteht kaum. Hoffentlich entdecken mehr Leute als bisher diesen Schatz für ihren Garten.

Mitten im Winter beginnt es nun an Hauswänden ginsterhaft zu leuchten: Der chinesische Winterjasmin steht in Blüte und erfreut uns oft acht Wochen lang. Die Zweige blühen auch lange in der Vase nach. Der Entdecker, der in der winterlichen Heimatlandschaft des Wunderstrauchs mit einem Feldstecher umherblickte, sah verblüfft ein Stück Felswand von sechs Meter langen Goldgehängen überrieselt. Es ist noch nicht hundert Jahre her! Man wird sicher dereinst Methoden finden, solche hohen Jubiläen zu feiern. Ohne eine Hinwendung zu derartigen, schönen Pflanzenentdeckungen schläft etwas in unserem Wirklichkeitssinn. In vierzig Jahren versagte der gelbe Flor hier nur ein einziges Mal; die Pflanze fror zurück und trieb allmählich wieder aus. Sie blüht nicht nur an Südwänden und an hellen Ost- und Westwänden, sondern auch an Nordseiten niedriger Bauwerke, wenn der Platz sonst frei ist. In etwas wärmeren Gegenden setzt man sie als Blütenstrauch auch an freistehende Spaliere oder Pergolas. Dies *Jasminum nudiflorum* treibt erst später sein Laub.

Selbst noch bei – 10°C versucht das Amur-Adonis, A. amurensis, in die kalte Februarsonne zu blinzeln.

Schon im Januar sieht man die etwa brusthohen Büsche des kleinblütigen lilafarbenen *Rhododendron dauricum* aus Sibirien tapfer gegen den Winter anblühen. Auch diesem soll man es nicht neun Jahre lang nachtragen, wenn es erfahrungsgemäß etwa jeden zehnten Winter einmal mit Blühen aussetzt. Niemals aber versagen mitten im Winter die frühen und späteren Zaubernüsse in ihrer gelben und rötlichbraunen Abart, *Hamamelis japonica*, *H. japonica* var. *zuccariniana* und *H. mollis*, niemals auch der gelbe Winter-Adonis aus dem Amurgebiet, *Adonis amurensis* genannt. Wie oft sahen wir die prächtigen Farbenbüsche der Zaubernuß halb verschneit im Schneegarten blühen. Bei größerer Kälte erschrecken die Blüten etwas, beim Eintritt milden Wetters wird gleich wieder frisch und munter weitergeblüht. Zum Trost für ihren verblühenden Januarflor, der manchmal auch etwas später liegen kann, erblüht im Februar ihr chinesisches Geschwister, *Hamamelis mollis*. Der Amur-Adonis bricht mit seinem unterirdischen Gestänge selbst durch hartgetretenen Boden, blüht zuweilen im Januar, manchmal auch später. Die großen gelben Scheibenblüten leuchten weit durch den Garten und werden im Lauf des Blühens vom Fiederlaub umrahmt. Manchmal steht er in voller Rauhreifrüstung. Eine gefüllte Schwestersorte blüht wochenlang später und leitet schließlich zum heimischen Adonis hinüber. Im Januar ist auch der Dreikönigschneerose, *Helleborus niger* var. *macran-*

Was mag den Winterling, *Eranthis hyemalis*, schon im Januar veranlassen zu blühen?

thus, wohl zu gedenken wie auch der roten Winterschneerose, *Helleborus abschasicus*.

Der Vorläufer unter den Schneeglöckchen ist *Galanthus nivalis* ssp. *cilicicus*; es blickt überlegen schon früh im Februar oder noch früher auf die Nachbarplätze, an denen die späteren Schneeglöckchen eben erst grüne Spitzen treiben. Aber das ganze holde Gesindel der vier bis fünf schönsten Schneeglöckchenarten und -sorten und der drei gelben Winterlinge, *Eranthis*, kehrt sich nicht so sehr an bestimmte Kalendervorschriften und ist in südlichen Nachbarländern oft schon im Januar wohlauf und munter, wobei auch der Märzbecher zum Januarbecher werden kann!

Regelmäßig aber am 20. Februar bestickt das Winter-Alpenveilchen, *Cyclamen coum*, den Boden mit rosa und weißen Blüten, aus dem das Karneval-Rhododendron, *Rh. mucronulatum*, hervorblüht, das uns niemals vergeblich warten läßt. In voller Sonne blüht der Vorläufer der rosa Märzheide, *Erica herbacea* 'Winter Beauty', die sogar schon im Januar munter sein kann und ihren Flor endlos ausdehnt, von Frösten außerordentlich selten, fast nie bedrängt, während die Blüte des Karneval-Rhododendron zuweilen ein Frost beenden kann. Aber das März-Rhododendron (Rh. × praecox) führt ja dann den schönen, begonnenen Satz weiter.

Man rahmt im Garten gern die kleinen Strauch- und Staudenplätze des Winterflors mit immergrünen Gesträuchen.

Dies alles leitet nicht nur in den großen, wachsenden Blumentrubel des März über, sondern geht zum Teil noch überraschende Verbindung mit dem Märzflor ein. So gibt der Eranthis den gelbbraunen Zwergkrokus und andern Vorläuferkrokusfarben ein unersetzliches Farbengeleit, und die früheste Schneeheide durchblüht von Weihnachten bis über das Osterfest hinweg den ganzen Blumenreigen des Winters und Vorfrühlings.

Man kann also die Purpurblatt-Bergenie, *Bergenia purpurascens*, mit ihrem prachtvoll dunkelroten Winterlaub und die stumpfroten Laubpolster der Rankenschaumkresse, *Tiarella cordifolia*, mit blaugrünem Sedum und silbergrauen Steinbrechpolstern durchflechten. Kaum glaublich, welche Farbenkräfte auch in unserm winterlichen Gärten unbenutzt bleiben!

Was dankt man doch in allen möglichen milden Winterstimmungen diesen geliebten Stimmungsmachern, – zu welchem »namenlosen Schmuck unberechenbarer Stunden« werden sie oft, wenn die Welt wieder einmal auf unerwartete Art geschmückt vor dem morgendlichen

Die Schnee-Heide schiebt ihre Glöckchen auch durch Schnee. Am frühesten blüht 'Winter Beauty'.

Fenster liegt, – wenn der Rauhreif an Nordseiten Tiaralla-Büsche umfiedert, deren Blattpolster auf der wärmeren Südseite schon alle rot sind.

Wie schön, wenn im gleichen Spiel zwischen dem Rauhreif der Nordseite und dem abgetauten Südseiten-Rot das Polster des Scharlach-Steinbrechs in blaue Flächen des Alpentäschels übergeht. Aber das sind Farben, von denen die Welt noch nichts weiß. Die Pflanzen müssen allerdings kräftig eingewachsen sein, um ihren Zauber zu entfalten. Das gilt sogar von der vielgetönten Steinwurz, den lebenden Ornamenten, genannt *Sempervivum*. Manche scheinen spät am Abend wie aus dunklem Samt geformt.

In all den winterlichen Trutz- und Ruhefarben der kleinen Welten liegt es wie ein kraftsammelnder, tiefer Schlummer, – eine Abkehr von allem Sturm des Werdens und Vergehens. Das Auge wird ganz in den Bann der leisen Kräfte gezogen, die den Winter im Tiefsten ausschöpfen.

Gelbnadelige Zwergkoniferen sind mit Umsicht zu gruppieren, da sonst der Steingarten zu »bunt« wird. Im Bild *Chamaecyparis obtusa* 'Nana Aurea'.

Zwergnadelgehölze

Höhenangaben für 12- bis 15-jährige Exemplare

Chamaecyparis lawsoniana 'Minima Glauca', blaue Zwerg-Scheinzypresse, 60 cm

Für den Steingarten sind Zwergkoniferen unerläßlich, z. B. die blaue Zwerg-Form der Scheinzypresse *Chamaecyparis lawsoniana* 'Minima Glauca'.

– *obtusa* 'Nana Gracilis', japanische Muschel-Scheinzypresse, dunkelgrün, 60 cm
– *pisifera* 'Boulevard', Silber-Scheinzypresse, silbergrau, 120 cm
– – 'Filifera Nana', Faden-Scheinzypresse, frischgrün, 120 cm
Juniperus chinensis 'Blaauw', China-Wacholder, graublau, 120 cm
– – 'Plumosa Aurea', Goldmoos-Wacholder, gelbgrün, 100 cm
– *sabina* 'Tamariscifolia', Tamarisken-Wacholder, bläulich-grün, 50 cm
– *squamata* 'Blue Carpet', blauer Teppich-Wacholder, 30 cm hoch, 100 cm breit
Microbiota decussata, Zwerglebensbaum, 30 cm hoch, 200 cm breit
Picea abies 'Echiniformis', Igel-Fichte, graugrün, 20 cm
– – 'Little Gem', Kissen-Fichte, frischgrün, 25 cm
– – 'Nidiformis', Nest-Fichte, hellgrün, 50 cm
– – 'Pygmaea', Gnomen-Fichte, frischgrün, 30 cm
– *glauca* 'Conica', Zuckerhut-Fichte, bläulichgrün, 120 cm
– – 'Echiniformis', Blauigel-Fichte, blaugrün, 20 cm
Pinus mugo ssp. *mughus*, Krummholz-Kiefer, dunkelgrün, 100 cm
– – ssp. *pumilio*, Kriech-Kiefer, dunkelgrün, 60 cm
– *silvestris* 'Watereri', Zwerg-Kiefer, blaugrün, 100 cm
– *strobus* 'Radiata', Seiden-Kiefer, blaugrün, 80 cm
Taxus baccata 'Repandens', Tafel-Eibe, dunkelgrün, 100 cm

Immer zwergiger wachsen auch die Kriech-Kiefern. *Pinus mugo* 'Brevifolia' wird kaum fußhoch.

Verwandt mit der Kiwi ist die winterharte *Actinidia arguta*. Sie windet bis haushoch.

– *cuspitata* 'Nana', japanische Zwerg-Eibe, dunkelgrün, 80 cm
Thuja occidentalis 'Danica', Kugel-Lebensbaum, frischgrün, 30 cm
– – 'Recurva Nana', Zwerg-Lebensbaum, mattgrün, 50 cm
Tsuga canadensis 'Jeddeloh', Zwerg-Hemlockstanne, frischgrün, 40 cm

Immergrüne Zwerglaubgehölze

Andromeda polifolia, Rosmarinheide, dunkel- bis blaugrün, 30 cm
Arctostaphylos uva-ursi, Bärentraube, dunkelgrün, 20 cm, breitflächig
Berberis candidula, Silberblatt-Berberitze, dunkelgrün, Blattunterseite weiß, 50 cm
– *hookeri*, Himalaja-Berberitze, glänzend grün, 80 cm
– *verruculosa*, Dornblatt-Berberitze, dunkelgrün, 100 cm
Buxus microphylla, Zwerg-Buchsbaum, dunkelgrün, 80 cm
Calluna vulgaris, Edel-Heidekräuter in vielen Sorten und Färbungen, 30 cm
Cotoneaster congestus, Kissen-Felsenmispel, bläulichgrün, 30 cm, breitwachsend
Cotoneaster conspicuus, Sternblüten-Felsenmispel, dunkelgrün, 100 cm
– *dammeri* var. *radicans*, Teppich-Felsenmispel, frischgrün, 20 cm, flächig wachsend
– *microphyllus*, Zwergblatt-Felsenmispel, glänzend dunkelgrün, 80 cm

Daphne blagayana, Königs-Seidelbast, glänzendgrün, 20 cm, breitwachsend
– *cneorum*, Rosmarin-Seidelbast, dunkelgrün, 25 cm
Dryas octopetala, Silberwurz, dunkelgrün, 15 cm, flächig wachsend
Empetrum nigrum, Krähenbeere, graugrün, 30 cm
Erica herbacea, Schnee-Heide, in vielen Sorten und Farben, 30 cm
– *vagans*, Irische Heide, in mehreren Sorten und Farben, 40 cm
Euonymus fortunei 'Carrieri', Strauch-Spindel, glänzend grün, 50 cm, breitwachsend
– – 'Gracilis', Silber-Spindel, mehrere farbige Varianten, 30 cm, breitwachsend
– – 'Minimus', Kissen-Spindel, dunkelgrün, ganz flach wachsend
– – var. *radicans*, Kletter-Spindel, stumpfgrün, 200 cm kletternd
Gaultheria procumbens, Scheinbeere, glänzend sattgrün, 15 cm, kriechend
Hedera helix, Efeu, in vielen bodendeckenden oder kletternden Sorten
Kalmia angustifolia, Schmalblatt-Lorbeerrose, mittelgrün, 100 cm
– *latifolia*, Berg-Lorbeerrose, dunkelgrün, 180 cm
– *polifolia*, Purpur-Lorbeerrose, tiefgrün, 60 cm
Lavandula angustifolia, Lavendel, in mehreren Sorten, graugrün bis silbergrau, 30 bis 60 cm
Lonicera pileata, Liguster-Heckenkirsche, glänzend dunkelgrün, 40 cm
Mahonia aquifolium 'Moseri', Rotlaub-Mahonie, grün bis korallenrot, 100 cm
Prunus laurocerasus, Kirschlorbeer, glänzend grün, mehrere Sorten, 2 m

Pyracantha coccinea, Feuerdorn, dunkelgrün, mehrere Sorten, 2 m
Rhododendron-Hybriden, siehe die folgende Seite
Rubus henryi, Kletter-Brombeere, glänzend tiefgrün, klimmend bis 5 m
Sinarundinaria nitida, Cham-Bambus, hellgrün, 3 m
Viburnum × pragense, Glanzblatt-Schneeball, glänzend grün, 3 m
– *rhytidophyllum*, Runzelblatt-Schneeball, tiefgrün, runzlige Blätter, 4 m
Rhododendron ferrugineum, Rostblättrige Alpenrose, dunkelgrün, 80 cm
– *hippophaeoides*, graue Alpenrose, graugrün, 80 cm
– *impeditum* 'Blue Tit', blauviolette Alpenrose, dunkelgrün, blau-violette Blüten, 40 cm
– *makinoi*, Schmalblatt-Rhododendron, dunkelgrün, 150 cm
– *scintillans*, Funkel-Felsenrose, dunkelgrün, 60 cm
Skimmia japonica, Skimmie, hellgrün, 120 cm
Vaccinium vitis-idaea, Preiselbeere, glänzend sattgrün, 25 cm

Die Kriech-Spindel hat nicht nur dunkelgrüne und silbrige, sondern auch goldgelbe Töne. Ihre Fähigkeit zu klettern hat sie beibehalten.

Unersetzliche größere immergrüne Laubgehölze

Berberis stenophylla, Gold-Berberitze, Blattunterseite bläulich-weiß, 2 m
Buxus sempervirens, Buchsbaum, dunkelgrün, 4 m
Cotoneaster salicifolius var. *floccosus*, Hängebeeren-Felsenmispel, glänzend grün, 4 m
Ilex aquifolium, Stechpalme, glänzend grün, 6 m, dazu mehrere Sorten
– *bioritensis*, Chinesische Stechpalme, glänzend dunkelgrün, 4 m
Lonicera henryi, Tibet-Geißblatt, dunkelgrün, schlingend, bis 6 m
Pieris floribunda, Amerikanische Lavendelheide, mattgrün, 2 m
– *japonica*, Japanische Lavendelheide, dunkelgrün, 3 m
Prunus laurocerasus, Kirschlorbeer, glänzend grün, mehrere Sorten, 2 m
Pyracantha coccinea, Feuerdorn, dunkelgrün, mehrere Sorten, 2 m
Rhododendron-Hybriden, siehe die folgende Seite
Rubus henryi, Kletter-Brombeere, glänzend tiefgrün, klimmend bis 5 m
Sinarundinaria nitida, Cham-Bambus, hellgrün, 3 m
Viburnum × pragense, Glanzblatt-Schneeball, glänzend grün, 3 m
– *rhytidophyllum*, Runzelblatt-Schneeball, tiefgrün, runzlige Blätter, 4 m

Zu den Kostbarkeiten im Moorbeet-Garten gehören die Lorbeerrosen, deren schmalblättrige Art nur etwa meterhoch wird.

Absolut winterharte und immergrüne Rhododendron-Hybriden

Blütezeiten: f = ab Anfang Mai
m = ab Mitte Mai
sp = ab Ende Mai

Rhododendron-Catawbiense-Hybriden
'Album Novum', weiß, lila getönt, m
'Blue Peter', hell-lavendelblau, m
'Catawbiense Boursault', kräftig lila, sp
'Catawbiense Grandiflorum', lila, sp
'Catharine van Tol', reinrosa, sp
'Constanze', dunkelrosa, sp
'Cunningham's White', weiß, f
'Diadem', hellrosa, dunkler Fleck, sp
'Dr. H. C. Dresselhuys', purpurrot, sp
'Effner', rosalila, m
'Everestianum', hell-lila, sp
'Gudrun', weiß, sp
'Humboldt', lilarosa mit schwarzrotem Fleck, sp
'Kokardia', rubinrosa mit dunklem Fleck, sp
'Lae's Dark Purple', dunkelviolett, sp
'Mrs. P. den Ouden', dunkelrubinrot, m
'Old Port', rotviolett, sp
'Parsons Gloriosum', hell-lilarosa, sp
'Progres', rosa mit dunkelroter Zeichnung, f
'Sammetglut', tief samtrot, sp
'Scintillation', hellrosa, m
'Seestadt Bremerhaven', hellrosa, sp

Rhododendron-Repens-Hybriden
'Baden-Baden', leuchtend scharlachrot, f
'Bad Eilsen', kräftiges Rot, f
'Mannheim', dunkelrot, f
'Scarlet Wonder', scharlachrot, f

Rhododendron-Wardii-Hybriden
'Ehrengold', hellgelb, sp
'Goldbukett', hellgelb mit dunkelroter Zeichnung, m

Rhododendron-Williamsianum-Hybriden
'August Lamken', purpurrosa, m
'Gartendirektor Glocker', rosarot, f
'Gartendirektor Rieger', cremegelb, f
'Jackwill', rosaweiß, f
'Stadt Essen', weiß mit rosa Saum, f
'Vater Böhlje', lilarosa, f

Die großblättrigen, immergrünen Rhododendren haben durch neue Sorten auch neue Farbbereiche dazugewonnen, z. B. 'Blue Peter'.

Die großblütigen Rhododendren können aber nur im leichten Schatten und in saurem Boden ihre volle Pracht entfalten, hier die Sorte 'Everestianum'.

Rhododendron-Yakusimanum-Hybriden
'Anuschka', rot, Mitte weiß, sp
'Bad Zwischenahn', hellrosa, m
'Fantastica', rosarot, sp
'Flava', hellgelb, sp
'Kalinka', hellrosa, sp
'Morgenrot', hellrot, m
'Schneewolke', weiß, hell-lila getönt, sp
'Silberwolke', zartrosa, m
'Tina Heinje', leuchtend rot, sp

Mittelgroße Nadelgehölze auch noch für kleinere Hausgärten

Abies lasiocarpa 'Compacta', Zwergform der Kork-Tanne, blaugrün, 3 m
Chamaecyparis lawsoniana 'Ellwoodii', Kegel-Scheinzypresse, graugrün, 3 m
– – 'Kelleris Gold', Gold-Scheinzypresse, gelbgrün, 5 m
– *pisifera* 'Plumosa Aurea', Goldmoos-Scheinzypresse, grüngolden, 5 m
Cryptomeria japonica 'Elegans', Moos-Sicheltanne, bläulichgrün, 4 m
Juniperus chinensis 'Hetzii', Grauschuppen-Wacholder, graublau, 4 m
– – 'Pfitzeriana', Pfitzer-Wacholder, moosgrün, 4 m hoch und breit
– *communis* 'Hibernica', Säulen-Wacholder, blaugrau, 3 m
– *squamata* 'Meyeri', Blauzeder-Wacholder, silbrig blaugrau, 4 m
– *virginiana* 'Glauca', Blaureif-Wacholder, stahlblau, 6 m
– – 'Skyrocket', Raketen-Wacholder, blaugrün, 6 m, schmalwachsend
Picea abies 'Acrocona', Zapfen-Fichte, dunkelgrün, 4 m
– *breweriana*, Mähnen-Fichte, blaugrün, 7 m
– *omorika* 'Nana', Serbische Fichte, bläulichgrün, 4 m
Pinus aristata, Fuchsschwanz-Kiefer, blaugrün, 3 m
– *cembra* 'Glauca', blaue Zirbel-Kiefer, silberblau, 5 m
– *mugo*, Berg-Kiefer, dunkelgrün, 3 m
– *parviflora* 'Glauca', blaue Mädchen-Kiefer, blaugrün, 3 m
Taxus baccata 'Dovastoniana', Adlerschwingen-Eibe, schwarzgrün, 6 m
– – 'Fastigiata', Säulen-Eibe, schwarzgrün, 4 m
– – 'Fastigiata Aurea', Goldsäulen-Eibe, goldgrün, 4 m
– – 'Overeynderi', Kegel-Eibe, matt dunkelgrün, 4 m
– *cuspidata*, Japan-Eibe, dunkelgrün, 4 m
– *media* 'Hicksii', Becher-Eibe, stumpfgrün, 4 m
Thuja occidentalis 'Columna', Säulen-Lebensbaum, dunkelgrün, 6 m
– – 'Rheingold', Gold-Lebensbaum, hellgoldgelb, 3 m
– – 'Smaragd', frischgrün, 5 m
Tsuga canadensis 'Pendula', Hänge-Hemlockstanne, dunkelgrün, 3 m
– *mertensiana* 'Argentea', Silber-Hemlockstanne, silberblau, 5 m

Liste der ungültigen botanischen Namen (Synonyma)

Ungültiger Name (Synonym)	**gültiger Name**
Aconitum napellus 'Sparks Varietät'	*Aconitum henryi* 'Spark'
Anemone pulsatilla	*Pulsatilla vulgaris*
Anthemis biebersteiniana	*Anthemis marschalliana*
Aruncus sylvestris	*Aruncus dioicus*
Asperula odorata	*Galium odoratum*
Avena sempervirens	*Helictotrichon sempervirens*
Calamagrostis epigejos 'Hortorum'	*Calamagrostis × acutiflora* 'Karl Foerster'
Chaenomeles	*Choenomeles*
Chrysopogon nutans	*Sorghastrum avenaceum*
Corydalis solida var. *transsylvanica*	*Corydalis solida* 'George Baker'
Crocus vernus	*Crocus neapolitanus*
Deschampsia flexuosa	*Avenella flexuosa*
Dianthus caesius	*Dianthus gratianopolitanus*
Endymion campanulatus	*Hyacinthoides hispanica*
Erica carnea	*Erica herbacea*
Festuca glauca	*Festuca cinerea*
Filipendula hexapetala	*Filipendula vulgaris*
Glyceria aquatica	*Glyceria maxima*
Helianthus sparsifolius	*Helianthus atrorubens*
Hepatica triloba	*Hepatica nobilis*
Hydrangea petiolaris	*Hydrangea anomala* ssp. *petiolaris*
Iris ochroleuca	*Iris orientalis*
Jeffersonia dubia	*Plagiorhegma dubium*
Malus sieboldii	*Malus toringo*
Miscanthus japonicus	*Miscanthus floridulus*
Montbretia crocosmiiflora	*Crocosmia × crocosmiiflora*
Peltiphyllum peltatum	*Darmera peltata*
Potentilla verna	*Potentilla neumanniana*
Primula sibthorpii	*Primula vulgaris* ssp. *sibthorpii*
Saxifraga aizoon	*Saxifraga paniculata*
– lingulata	*Saxifraga callosa*
Scilla campanulata	*Hyacinthoides hispanica*
Scilla sibirica	*Scilla siberica*
– tubergeniana	*Scilla mischtschenkoana*
Sedum elegantissimum	*Sedum forsterianum* ssp. *elegans*
Sesleria varia	*Sesleria albicans*
Uniola latifolia	*Chasmanthium latifolium*
Veronica incana	*Veronica spicata* ssp. *incana*
Viburnum fragrans	*Viburnum farreri*

Unvergleichlich ist der Zauber, der zu allen
Jahreszeiten vom Karl-Foerster-Garten
in Bornim ausgeht.

Literaturnachweis

Ahlburg, M., Helleborus, Stuttgart 1989
Bailey, L. H., Manual of cultivated Plants, New York 1954
BdB Handbuch, Teil II Nadelgehölze und Rhododendron, Pinneberg 1983
Teil III Stauden, Pinneberg 1989
Berg, I. u. L. Heft, Rhododendron und immergrüne Laubgehölze, Stuttgart 1969
Bloom, A., Conifers for your Garden, Nottingham o. J.
Boerner, F., Blütengehölze für Garten und Park, Darmstadt 1961
Boom, B. K. u. J. D. Ruys, Gekweekte Kruidachtige Gewassen, Wageningen 1950
Brickell, C., Gardener's Encyclopedia of Plants and Flowers, London 1990
Eiselt, M. G., Nadelgehölze, 3. Aufl. Radebeul 1974
– u. R. Schröder, Laubgehölze, Leipzig und Radebeul 1977
Erhardt, W., Hemerocallis, Stuttgart 1988
Foerster, K., Blauer Schatz der Gärten, Radebeul 1989
–, Das Blumenzwiebelbuch, Berlin u. Bern 1939
–, Der Steingarten der sieben Jahreszeiten, 10. Aufl. Leipzig und Radebeul 1987
–, Einzug der Gräser und Farne in die Gärten, 5. Aufl. Leipzig und Radebeul 1988
–, Lebende Gartentabellen, Berlin 1940
Göritz, H., Laub- und Nadelgehölze für Garten und Landschaft, 6. Aufl. Berlin 1986
Gottschalk, W., Ratschläge für den Rosenfreund, 2. Aufl. Leipzig u. Radebeul 1988
Grunert, C., Das große Blumenzwiebelbuch, Berlin 1968
–, Gartenblumen von A bis Z, 5. Aufl. Leipzig u. Radebeul 1982
Günther, H., Schöne Blütengehölze, Berlin 1979
Hansen, R. u. F. Stahl, Die Stauden und ihre Lebensbereiche, Stuttgart 1981
Hegi, G., Illustrierte Flora von Mitteleuropa, München 1906
Jelitto, C. R., Taschenbuch der Staudenverwendung, Berlin und Hamburg 1959
–, L. u. a., Die Freiland-Schmuckstauden, Stuttgart 1985
Kreuzer, J., Kreuzer's Gartenpflanzen-Lexikon, Bd. 2, Braunschweig 1990
–, Kreuzer's Gartenpflanzen-Lexikon, Bd. 5, Tittmoning 1987
Krüssmann, G., Die Nadelgehölze, Berlin u. Hamburg 1979
–, Handbuch der Laubgehölze, Berlin u. Hamburg 1976
–, Taschenbuch der Gehölzverwendung, Berlin u. Hamburg 1958
Menzel, P. u. I. Menzel, Das Kletterpflanzenbuch, Stuttgart 1988
Pareys Blumengärtnerei, Berlin u. Hamburg 1958
Phillips, R. u. M. Ryx, Das Kosmosbuch der Zwiebel- und Knollenpflanzen, Stuttgart 1983
Rehder, A., Manuel of cultivated Trees and Shrubs, New York 1954
Schacht, W., Der Steingarten und seine Welt, Stuttgart 1953
Schacht, W., Blumenzwiebeln für Garten und Heim, Stuttgart 1955
Schuster, E. u. S. Sommer, Sumpf- und Wasserpflanzen für Garten und Landschaft, Berlin 1984
Sieber, J., Die Sichtung der Stauden, Freising, Grünberg u. Bonn 1990
Synge, P. M., Gartenfreude durch Blumenzwiebeln, Melsungen 1966
Wachter, K., Der Wassergarten, Stuttgart 1986
Wehrhahn, H. R., Die Gartenstauden, Berlin 1931
Wienke, K., Mein Wassergarten, Radebeul 1990
Zander, R. u. a., Handwörterbuch der Pflanzennamen, 13. Aufl. Stuttgart 1984

Diverse Kataloge von Stauden- und Baumschulbetrieben

Bildnachweis

Leonore Albrecht, Berlin
Seite 11, 14, 17 (links), 24 (oben), 25, 26, 27, 29, 30, 31, 32, 33, 34, 36, 37, 46 (oben), 47, 49 (rechts), 53 (oben), 57, 59, 61, 86, 88, 95, 96, 97 (unten), 98, 99, 100, 103, 106, 112, 113 (links), 114, 115, 116, 117, 118, 120, 121, 123, 124

Bornimer Staudenkulturen, Potsdam-Bornim
Seite 6, 17 (rechts), 18, 19 (oben links und rechts), 20, 21, 22 (unten rechts), 23, 24 (unten), 28, 35, 38, 39, 46 (unten), 48, 49 (links), 50, 51, 52 (oben), 54 (links), 58, 60, 63, 64, 66, 67, 68, 69 (unten), 70, 72, 73, 74, 75, 76, 78, 79, 80, 81, 83, 87, 93, 94, 97 (oben), 101, 102, 104, 107, 108, 109, 110, 111 (oben), 119, 127

Axel Grambow, Berlin
Seite 89

Dr. h. c. Fritz Köhlein, Bindlach
Seite 16, 41, 42, 43, 45, 52 (unten), 53 (Mitte und unten), 54 (rechts), 55, 56, 69 (oben), 71, 77, 82, 90, 91, 111 (unten)

Günther Pätzold, Wurzen
Seite 12, 15 (rechts), 19 (unten), 22 (oben links), 84, 113 (rechts)

Christel Schwalbe, Neukieritzsch
Seite 15 (links)

Rainer Vetter, Dresden
Seite 8, 13

Alfred Weinreich, Wolmirstedt
Seite 22 (oben rechts), 85

Titelfoto
Sebastian Seidl, München

Register

Halbfett gesetzte Zahlen weisen auf Abbildungen hin.

Abeliophyllum distichum 25
Abies lasiocarpa 125
Acaena buchananii 92
– *caesiiglauca* 93
– *microphylla* 94
Acer circinatum 112
– *ginnala* 112
– *japonicum* 100, 112
– *palmatum* **99**, 100, 112
– *tataricum* 112
Achillea clavenae 92
– *filipendulina* 72, 76
– × *kellereri* 92
– *millefolium* 72
– *ptarmica* 72
– *serbica* 92
– *umbellata* 92
Achnatherum brachytricha 110
– *calamagrostis* **74**, 75
Aconitum × *arendsii* 110
– *henryi* 72
Acorus calamus 92
Actinidia arguta 27, **114**, 114
– *kolomikta* 114
– *polygama* 114
Adlerschwingen-Eibe 125
Adonis amurensis 17, 27, **119**, 119
Adonisröschen 17
Adonis vernalis 17, **18**
Aethionema grandiflorum 93
Agropyron magellanicum 92
Ahorn 100
Ajuga reptans 18, 39, 92, 94
Akebia quinata 27, **114**, 114
Alanggras 94
Alant 76
Alisma plantago 88
Allium karataviense 93
Alopecurus pratensis 93
Alpen-Aster 71, 106
– Aurikel 23
Alpendistel 93
Alpen-Johannisbeere 27
Alpen-Kresse 19
Alpenrose 123
Alpentäschel 93, 121
Alpen-Waldrebe 114
Alyssum saxatile **18**, 18, 92
Amelanchier florida 112
– *lamarckii* 112
– *ovalis* 113
Ampelopsis aconitifolia 114
– *brevipedunculata* 114
Amur-Adonis 17, 27
– Sedum 94
– Strahlengriffel 114
Anaphalis triplinervis 70, 92, 110
Anemone apennina 18
– *blanda* **17**, 18
– *hupehensis* 73
– Japonica-Hybriden 73, **85**, 110
– *nemorosa* 19, 27, **28**
– *ranunculoides* 19
– *tomentosa* 73
Andromeda polifolia 122
Andropogon scoparius 110
Androsace carnea 18
Antennaria dioica 70
Anthemis marschalliana 92
Apennin-Hornkraut 92
– Steinrose 93
Apfelbeere 113
Apollo-Hyazinthe 24
Aquilegia-Hybriden 73
Arabis caucasica 19
– *procurrens* 19, 33
Arctostaphylos uva-ursi **122**, 122
Aronia arbutifolia 113
– *melanocarpa* 113
Arrhenatherum elatius 28
Artemisia ludoviciana 92
– *nitida* 92
– *schmidtiana* 92
Aruncus dioicus 27
Asphodeline lutea 93
Aster × *alpellus* 107
– *alpinus* 106
– *amellus* **70**, 71, 73, 107, 110

Aster cordifolius 108, 110
– *divaricatus* 107
– *dumosus* **78**, **107**, 110
– *ericoides* 108, 110
– × *frikartii* 107
– *laevis* 108
– *lateriflorus* 108
– *linosyris* 107
– *novae-angliae* **108**, 108, 110
– *novi-belgii* 73, 101, 108, 110
– *pringlei* 108
– *pyrenaeus* 107
– *sedifolius* 107
– *tongolensis* 107
– *vimineus* 107
Astilbe-Arendsii-Hybriden 27, **58**, **66**, 66
Astilbe chinensis 66, 66
Astilbe-Chinensis-Hybriden 66
– Glaberrima-Hybriden 66
– Japonica-Hybriden **58**, 66, 94
– Simplicifolia-Hybriden 59, 66, 94
– Thunbergii-Hybriden 66
Astilboides tabularis 87
Aubrieta-Hybriden 19, **33**, 33
Avenella flexuosa 93

Baikal-Helmkraut 64, 69, 105
Ball-Primel 23
Ballonglocke 69
Bärenfell-Schwingel 75
Bärentraube 122
Bartgras 110
Bauern-Pfingstrose 28
Baumwürger 114
Becher-Eibe 125
Beeren-Apfel 27
Belladonna-Rittersporn 73
Berberis aristata 112
– *candidula* 122
– *gagnepainii* 113
– *hookeri* 122
– *julianae* 113
– × *stenophylla* 123
– *thunbergii* 27
– *verruculosa* 122
– *wilsoniae* 112
Berg-Aster 73, 78, 84, 107, 110
Bergenia-Hybriden **19**, 19
Bergenia purpurascens 120
Berg-Kiefer 125
– Lorbeerrose 122
– Minze 69, 85
– Segge 28
Binsen-Ginster 70
Blau-Binse 94
Blaublatt-Funkie 59, 87, 93
Blaubohnenstrauch 113
Blauigel-Fichte 121
Blaukissen 19
Blaureif-Wacholder 125
Blau-Schwingel 92, 94
Blaustern 24
Blaustrahlhafer 69, 80, 87, 94
Blautannen-Sedum 93
Blauzeder-Wacholder 125
Blauzungen-Lauch 93
Bleiwurz, Chinesische 110
Blumenbinse 88
Blumen-Hartriegel 112
Blut-Hartriegel 112
Blutweiderich 74
Blutwurz 24
Bouteloua gracilis 75
Braunelle 74
Breitband-Segge 93
Bronzeblatt-Nachtkerze 94
Bronzegras, Japanisches 93
Bronze-Segge 94
Bronze-Wetterdistel 94
Brunnera macrophylla 19, 28, **36**, 36, 38, 73
Buchara-Iris 22
Buchsbaum 123
Bulbocodium vernum 19
Büschel-Berberitze 113
– Enzian 50
– Federgras 75
Buschahorn 100
Busch-Malve 74
– Windröschen 15, 19, 27
Butomus umbellatus 88
Buxus microphylla 122
– *sempervirens* 123

Calamagrostis × *acutiflora* 28, **70**, 75, 87, 110
Callicarpa japonica 113
Calluna vulgaris 70, **86**, **88**, 122
Caltha palustris 19, **36**
Campanula carpatica **72**, *73*
– *glomerata* 49
– *portenschlagiana* *35*, *105*
– *poscharskyana* 73, 110
– *rotundifolia* 70
Caragana arborescens 27
Carex buchananii 94
– *comans* 94
– *conica* 93
– *elata* 93
– *fraseri* 28
– *grayi* 28, 88
– *hachijoensis* 93
– *montana* 28
– *morrowii* 28, 78, 93
– *ornithopoda* 93
– *siderosticha* 93
– *umbrosa* 28
Carlina acaulis 92, **93**, 94

Carpinus caroliniana 112
Caryopteris pauciflora 25
Celastrus orbiculatus 114
Centaurea dealbata 73
– *pulcherrima* 92
Centranthus ruber 73
Cerastium tomentosum **50**, 92
Cercidiphyllum japonicum 100
Ceratostigma plumbaginoides 110
Chamaecyparis lawsoniana **121**, 121, 125
– *obtusa* **121**, 121
– *pisifera* **103**, 121, 125
Cham-Bambus 123
Chasmanthium latifolium 75, 110
China-Anemone 73
– Berberitze 113
Chinaschilf 93, 111
China-Wacholder 121
Chionanthus virginicus 112
Chionodoxa gigantea **13**, 19
– *luciliae* 19
– *sardensis* 19
Choenomeles-Hybriden 25
– *japonica* 25
– *speciosa* 25
Christrose 21
Chrysanthemum arcticum **102**, 110, 119
Chrysanthemum-Indicum-Hybriden 73, **101**, **109**, **110**, 110
Chrysanthemum koreanum 101
– *leucanthemum* 73
– *maximum* **73**, 73
– *serotinum* 110
– *zawadskii* 73
Chrysogonum virginianum 73
Cimicifuga japonica 102
– *racemosa* **83**
– *ramosa* 83
– *simplex* 28, 83, 102, 110
Clematis alpina 114
– *montana* 31, **31**
– *paniculata* 83
– *recta* 94
– *tangutica* 114
– *vitalba* 114
Codonopsis ovata 49
Colchicum autumnale 111
– *byzantinum* 111
Colchicum-Hybriden **69**, 111
Colchicum neapolitanum 111
– *speciosum* 69, 111
– *variegatum* 111
Convallaria majalis 19
Coreopsis grandiflora 69
– *verticillata* **71**, 71, 73
Cornus alba 113
– *florida* 100
– *mas* 25
– *sanguinea* 112
Cortaderia selloana **101**, 111
Corydalis cava 19
– *lutea* 28, 73, **110**, 110
– *nobilis* 28
– *solida* 19
Corylus avellana 25
Cotoneaster adpressus 104
– *congestus* 122
– *conspicuus* 122
– *dammeri* **120**, 122
– *divaricatus* 112, 113
– *horizontalis* 112, 113
– *lucidus* 113
– *microphyllus* 122
– *multiflorus* 27
– *salicifolius* **117**, 123
Crataegus crus-galli 112, 113
Crocus ancyrensis 19
– *angustifolius* 19
– *balansae* 20
– *banaticus* 111, 118
– *biflorus* 20
– *cancellatus* 112
– *chrysanthus* 20
– *etruscus* 20
– *flavus* **19**, 20
– *fleischeri* 20
– *imperati* 20
– *korolkowii* 20
– *kotschyanus* 111
– *longiflorus* 112
– *medius* 118
– *nudiflorus* 112
– *pulchellus* **84**
– *sativus* 112
– *sieberi* 20
– *speciosus* **111**
– *tommasinianus* 14, **20**, 20
– *versicolor* 20
– *vernus* 20
Cryptomeria japonica 125
Cyclamen coum 14, **15**, 20, 120
– *hederifolium* 15, **72**, 111
Cytisus × praecox 25, **37**

Dactylis glomerata 93
Dahlien 68, **77**, 81, **82**, 89, **90**, **91**, 102
Daphne blagayana 122
– *cneorum* **49**, 122
– *mezereum* 25
Darmera peltata 20
Dauergold-Funkie 87
Decaisnea fargesii 113
Delphinium-Belladonna-Hybriden 53, 73
– Elatum-Hybriden 28, **45**, **46**, **53**, 53
Delphinium grandiflorum 48
Deschampsia cespitosa 28, 75, 87

Diamantgras 110
Dianthus deltoides 94
– *gratianopolitanus* **35**, 35, 93
Dicentra eximia 73
– *spectabilis* **20**, 20
Dickblatt-Sedum 94
Diptam 49
Dolden-Felsenmispel 27
– Scheinrebe 114
Dornblatt-Berberitze 123
Doronicum orientale 20, 28, **52**, 52
Draba aizoides 20
– *bruniifolia* 20
– *sibirica* 20
Dreihöckerblume 104, 110
Dreikönig-Schneerose 119
Dreimasterblume 74, 105
Dryas octopetala 122
Duftglöckchen 25
Duft-Johannisbeere 27
– Veilchen 24, 28, 85, 110
– Weinrebe 114

Eberwurz 92
Edel-Garbe 72
– Sonnenblume 110
Edelweiß 92
Efeu 114, 122
Efeublatt-Alpenveilchen 72, 111
Efeu-Weinrebe 114
Eisenhut 68, 72, 110
Elaeagnus angustifolia
– *multiflora* 27
Elfenbein-Ginster 25, 36
Elfenblume 20, 21, 28, 33, 34
Elymus racemosus 94
Empetrum nigrum 122
Enzian 50
Enzian-Salbei 68
Epimedium 20, 21, 28, 33
– *grandiflorum* 20
– *perralderianum* 20
– × *rubrum* **20**, 21
– × *versicolor* 21
– × *youngianum* 21
Eranthis cilicica 21
– *hyemalis* 21, **120**, 120
– × *tubergenii* 21
Erbsenstrauch 27
Erica herbacea 70, 94, **120**, 120, 122
– *vagans* 70, 104, 122
Erigeron-Hybriden 71, 73
Erika-Aster 108, 110
Eriophyllum lanatum 73
Eryngium alpinum 93
– *bourgatii* 93
– *planum* 73
– × *zabelii* 93
Erythronium dens-canis 21
– *revolutum* 21
– *tuolumnense* 21
Etagenerika 110
Euonymus alata 100
– *europaeus* 113
– *fortunei* 114, **123**, 122
– *nanus* var. *turkestanicus* 113
Euphorbia myrsinites 93
– *polychroma* 21, 28
Euphrat-Iris 22
Exochorda racemosa 27

Faden-Scheinzypresse 121
Fächer-Ahorn 112
Fächer-Felsenmispel 112, 113
Fallschirm-Rudbeckie 68, 76, 78, 110
Feinstrahl 73
Felberich 74
Felsenmispel 104, 105
–, Chinesische 112
Festuca amethystina 94
– *cinerea* 92, 94
– *scoparia* 75
– *valesiaca* 94
Feuer-Ahorn 112
Feuerdorn 123
Feuer-Günsel 92, 105
Feuer-Mohn 46
Fieberklee 88
Fiederspiere 27
Filipendula vulgaris 28
Fingerkraut 23, 74
Flachpolster-Sedum 93
Flieder 27
Florida-Felsenbirne 112
Forsythia × *intermedia* 25
– *ovata* 26
Fritillaria acmopetala 21
– *aurea* 21
– *camtschatcensis* 21
– *imperialis* 21, 28
– *meleagris* **21**, 21
– *pallidiflora* **21**, 21
– *pyrenaica* 21
Froschbiß 88
Froschlöffel 88
Frühjahrs-Alpenveilchen 20
Frühlings-Amstel 38
– Fingerkraut 23
Frühlingsgold-Funkie 92
Frühlings-Lichtblume 19
– Platterbse 22
Frühlingsschelle 24
Frühlings-Steinrich 92
Frühsommer-Astern 107
Fuchsschwanz-Kiefer 125

Fuchs-Weinrebe 114
Funkel-Felsenrose 123

Gaillardia-Hybriden 73
Galanthus caucasicus 21
– elwesii 21
nivalis 21, 120
plicatus 21
Galium odoratum 21
Garten-Chrysanthemum 108, 118
– Hyazinthe 21
– Sandrohr 28, 87, 110
Gaultheria procumbens 122
Gedenkemein 22
Geißblatt 27
Gelbrand-Funkie 93
Gemswurz 20, 28
Gentiana septemfida 40, 50
– sinoornata **80**, **111**, 110
Geranium cinereum 73
– endressii 73
– pylzowianum 105
– sanguineum 73
– wlassovianum 28
Geum coccineum 73
Ginster 25
Gitter-Krokus 112
Gladiolen 40, **77**, 82
Glanzblatt-Schneeball 123
Glanz-Felsenmispel 113
Glanzgras, Buntes 93
Glanzmispel 112
Glattblatt-Aster 73, 108, 110
Glocken-Szilla 21
Glyceria maxima 28, 93
Glycine 31
Gnomen-Fichte 121
Gold-Aster 73
Goldband-Segge 93
Goldbartgras 111
Gold-Berberitze 123
Golderdbeere 24, 28
Gold-Garbe 72
Goldglöckchen 25
Gold-Felberich 74
– Fuchsschwanz 93
Goldhaar-Aster 107
Gold-Johannisbeere 27
Goldkörbchen 73
Gold-Lebensbaum 125
Goldleisten-Spartina 87, 93
Goldmoos-Scheinzypresse 125
– Wacholder 121
Gold-Münzkraut 93
Goldrand-Funkie 93
Goldrute 76
Goldsäulen-Eibe 125
Gold-Scheinzypresse 125
– Schmiele 93
– Segge 93
Goldteller 21
Gold-Waldrebe 114
– Windröschen 19
– Wolfsmilch 21, 28
Grauschuppen-Wacholder 125
Grünrand-Funkie 87, 93
Günsel 18
Gypsophila paniculata **63**, 73
– repens 74

Hacquetia epipactis 21
Hahnendorn 112
Hainbuche, Amerikanische 112
Hakonechloa macra 93
Halskrausen-Dahlien 92
Hamamelis japonica **26**, 26, 119
– mollis **11**, 26, 119
– virginiana 112
Hängebeeren-Felsenmispel 123
Hänge-Hemlockstanne 125
Hängepolsterglocke 73, 110
Hängerispen-Steinbrech 92
Hartriegel, Tatarischer 113
Haselnuß 25
Hechtkraut 88
Heckenkirsche 26, 27
Hedera helix 114, 122
Heide-Aster 78, 107
Heide, Irische 122
Heide-Nelke 94
Helenium-Hybriden **67**, 68, 78
Helianthemum-Hybriden 48, **49**, 74, 76
Helianthus atrorubens 78, 110
– decapetalus 76
– giganteus 81
– rigidus 76
– salicifolius 76, 110
Helictotrichon sempervirens 69, 87, 94
Heliopsis helianthoides **68**, 74, 76
Helleborus abchasicus 120
– argutifolius 21
– foetidus 21
– niger 21, 105, 110, **118**, 118
– odorus 21
– orientalis 21
– purpurascens 21
Hemerocallis citrina 105
– Hybriden 28, **39**, 54
Hepatica nobilis 21
– transsylvanica 21
Heracleum lanatum 28
Herkulesstaude 28
Herbst-Anemone 73, 85, 110
– Blaustern 111
– Clematis 83
– Krokus 84, 104

–Enzian 110
–Heide 85
–Kopfgras 75
–Sedum 74, 110
–Veilchen 83
–Zeitlose 17, 69, 84, 104, 111
Herzblattschale 22, 94
Himalaja-Berberitze 122
Himmelschlüssel 23
Himmelsleiter 74
Hippophae rhamnoides 113
Hippuris vulgaris 88
Hirsch-Holunder 27
Holunder, Schwarzer 27
Horn-Veilchen 48, 74, 110
Hosta crispula 92
–*decorata* 92
–*elata* 87
–*fortunei* 87, 92
–*lancifolia* 88, 93
–*plantaginea* 87
–*sieboldiana* 87, 93
–*sieboldii* 93
–× *tardiana* 93
–*tokudama* 93
–*undulata* 93
Hottonia palustris 88
Hunds-Rose 113
Hundszahn 21
Hyazinthoides hispanica 21, **32**
Hyazinthus orientalis 21
Hydrangea anomala 27, **57**
Hydrocharis morsus-ranae 88

Iberis saxatilis 21
–*sempervirens* 21, 22, **29**
Igel-Fichte 121
Ilex aquifolium 123
–*bioritensis* 123
Immergrün 28, 93
Imperata cylindrica 94
Indianernessel 62, 74
Inula helenium 76
–*magnifica* 76
Iris bakeriana 22
–*bucharica* 22
–*danfordiae* 22
–*germanica* **38**, 40, **41**, **42**
–*graminea* 49
–*histrio* 22
–*histrioides* 22
–*humilis* 49
–*kaempferi* 51, 65
–*monieri* 51
–× *monspur* 51
–*orientalis* 51
–*pumila* 22
–*reticulata* 22
–Reticulata-Hybriden 22
–*sanguinea* 52
–*sibirica* 28, **38**, 38, **43**, 43, 51, 83

Japan-Eibe 125
–Segge 28, 87, 93
–Weinrebe 114
Jasminum nudiflorum 26, 119
Jelängerjelieber 27
Judasbaum 112
Juncus ensifolius 88
–*inflexus* 94
Juniperus chinensis **116**, 121, 125
–communis 125
–*sabina* **115**, 121
–*squamata* 121, 125
–*virginiana* 125
Junkerlilie 93

Kaiserkrone 21, 28
Kalmia angustifolia 122, *123*
–*latifolia* 122
–*polifolia* 122
Kalmus 92
Kammschmiele, Blaue 94
Kamtschatka-Sedum 93
Karneval-Rhododendron 14, 27, 120
–Primel 14, 23
Karpaten-Glocke 70, 73
Karthäuser-Nelke 35, 69
Katzenminze 74, 92
Kaukasus-Zeitlose 111
–Kornblume 92
–Vergißmeinnicht 19, 28, 36, 73
Kegel-Eibe 125
–Scheinzypresse 125
Kirengeshoma palmata 105
Kirschlorbeer 117, 123
Kissen-Aster 78, 84, 107, 110
–Felsenmispel 122
–Fichte 121
–Phlox 22
–Primel 16, 17, 23
–Spindel 122
Kletter-Brombeere 123
–Hortensie 27
–Spindel 114, 122
Knäul-Glockenblume 48
Knollen-Glatthafer 28
Koeleria glauca 94
Kokardenblume 73
Königsdistel 93
Königs Ligularie 68
–Seidelbast 122
Kopfgras 28, 94
Korallen-Berberitze 112, 113
Kordilleren-Sauerklee 92
Kork-Spindelbaum 112

Kork-Tanne 125
Kornblume, Rote 73
Kornelkirsche 25
Krähenbeere 122
Kranz-Enzian 65
Kranzspiere 112
Kreuz-Enzian 65
Kriech-Kiefer 121
Krokus 19, 20, 111
Krummholz-Kiefer 121
Kuckucks-Anemone 15
Kugel-Lebensbaum 122
Kuhschelle 23
Kupferblatt-Sedum 94
Kupfer-Felsenbirne 104
– Hirse 94, 111

Labrador-Veilchen 94
Lampenputzergras 87, 104, 111
Lanzenblatt-Funkie 88, 93
Lathyrus latifolius 74
– *vernus* 22
Lattichkerze 87
Lavandula angustifolia 122
Lavatera thuringiaca 74
Lavendel 122
Lavendelheide 26, 123
Lavendel-Krokus 112
Leberblümchen 21
Leontopodium alpinum 92
– *pallibinianum* 92
– *souliei* 92
Lerchenspron 19, 28, 73, 110
Leucojum vernum **12**, 22
Ligularia dentata **76**, 76
– × hessei 68, **69**, **76**, 76, 87
– × *palmatiloba* 76
– *stenocephala* 76, 87
– *wilsoniana* 87
Liguster-Heckenkirsche 122
Ligustrum ovalifolium 113
Lilien-Funkie 87
Lilium speciosum 83
Linum narbonense 74, 93
Liquidambar styraciflua 112
Löffelblatt-Funkie, Blaue 93
Lonicera caprifolium 27, 31
– × *heckrottii* 27
– *henryi* 123
– *pileata* 122
– × *purpusii* 26
– *tatarica* 27
– × *tellmanniana* 27, **47**
Lungenkraut 23, 28
Lungenkraut, Virginisches 22
Lupinen 40, 46, 47
Lupinus-Polyphyllus-Hybriden 28
Luzula pilosa 28
– *sylvatica* 87, 93
Lysimachia nummularia **64**, 93
– *punctata* 74
Lythrum salicaria 74

Mädchen-Kiefer 125
Madonnen-Lilie 62, 83
Magellan-Blaugras 92
Magnolia denundata 26
– *kobus* 26
– × *soulangeana* 26
Magnolia-Soulangeana-Hybriden 26
Magnolia stellata **25**, 26
Mähnen-Fichte 125
Mahonia aquifolium 122
Maiapfel 35
Maiglöckchen 16, 19, 34
Mai-Rose 31
Malus baccata 27
– *floribunda* 113
– × *purpurea* 113
– *toringo* 112
Malva moschata 74
Mandelbäumchen 27
Mannsschild 18
Mannstreu-Distel 73
März-Anemone 18
Märzbecher 22, 120
Märzheide 14, 85, 120
März-Iris 22
– Rhododendron 14, 27, 120
– Tulpe 14
Melica nutans 28
Mentha requienii 49
Menyanthes trifoliata 88
Mertensia virginica 22
Microbiota decussata **97**, 121
Milchstern 22
Miscanthus floridulus **76**, 87
– *sacchariflorus* 87, **104**, 111
– *sinensis* **75**, 75, 87, 93, 111
Missouri-Nachtkerze 63, 74
Molinia arundinacea **87**, 87, 111
– *caerulea* 75, **93**, 93
Monarda-Hybriden 74
Mongolen-Sedum 12
Montbretien 83
Moos-Sicheltanne 125
– Veronika 35
Morgenstern-Segge 28, 88
Moschus-Malve 74
Moskitogras 75
Muscari armeniacum **15**, 15, 22
– *aucheri* 15
– *azureum* 15, 22
– *botryoides* 22
– *neglectum* 22
Muschel-Zypresse 121

Myosotis palustris 39, 74
Myrten-Aster 108

Nachtkerze 74, 94
Narbonnen-Flachs 48, 69, 74, 93
Narcissus asturiensis 22
– *bulbocodium* 22
– *cyclamineus* 22
– *poeticus* 22
– *pseudonarcissus* 22
– *triandrus* 22
Neapel-Zeitlose 111
Nelkenwurz 73
Nepal-Fingerkraut 64, 74
Nepeta faassenii 74, 92
Nest-Fichte 121
Netzblattstern 71, 73
Netz-Iris 22
Nieswurz 21
November-Schlinge 119
Nymphaea-Hybriden 88
– *odorata* 88, **89**
– × *pygmaea* 88
– *tetragona* 88

Oenothera missouriensis **63**, 74
– *tetragona* 94
Oktober-Margerite 102, 110
– Sedum 85, 93, 105, 110
– Silberkerze 28, 83, 110
– Steinbrech 105, 110
Ölweide 27
Olympia-Mohn 31
Omphalodes verna **22**, 22, 28
Oregon-Aster 108
Ornithogalum balansae 22
– *nutans* 22
Oxalis adenophylla 92

Paeonia-Lactiflora-Hybriden 28, **48**
Paeonia officinalis 28
– *suffruticosa* 27, **30**
Paeonien 48
Pampasgras 111
Panicum virgatum 87, 94, 111
Papaver orientale 28, **46**
Papyrus-Sonnenblume 76, 110
Parrotia persica **98**
Parthenocissus quinquefolia 114
– *tricuspidata* 114
Pennisetum alopecuroides 87, 111
Perlgras 28
Perlhyazinthe 15, 22
Perlkörbchen 92, 110
Perlstrauch 27
Pfaffenhütchen 113
Pfeifengras 75, 87, 111
Pfeilkraut 86, 89
Pfingst-Nelke 93
Pfingstrose 28
Pfitzer-Wacholder 125
Phalaris arundinacea 93
Phlox 61, 67
Phlox-Arendsii-Hybriden 49
Phlox douglasii 22
Phlox-Paniculata-Hybriden **59**, **60**, **61**, 65
Phlox subulata **22**, 22, **29**
Photinia villosa
Physostegia virginiana 110
Picea abies 121, 125
– *breweriana* 125
– *glauca* **96**, 121
– *omorika* 125
Pieris floribunda 26, 123
– *japonica* 26, 123
Pinus aristata 125
– *cembra* 125
– *mugo* 121, **122**, 125
– *parviflora* 125
– *silvestris* 121
– *strobus* 121
Plagiorhegma dubium 22, 94
Plattährengras 110
Platycodon 69
Polar-Margerite 102, 110, 119
Polemonium × *richardsonii* 74
Polygonum affine 74, 110
– *polystachium* 83
– *sericeum* 38
Pontederia cordata 88
Potentilla crantzii **73**, 74
– *nepalensis* 74
– *neumanniana* 23
– *recta* 74
Pracht-Astilben 58
– Krokus 111
– Spiräen 57
– Winde 80
Preiselbeere 123
Primula auricula 23
– *denticulata* **22**, 23
– *elatior* 23, **34**, 34
Primula-Elatior-Hybriden 23
Primula juliae 23, **34**, 34
Primula-Juliae-Hybriden 23
Primula marginata 23
– *rosea* 23, 34
– *sieboldii* 23
– *sikkimensis* 49
– *veris* 23, 34
– *vulgaris* 14, 23
Prunella grandiflora 74
Prunus cerasifera 26
– *davidiana* 27
– *glandulosa* 27
– *kurilensis* 27

Prunus laurocerasus 123
– *persica* 27
– *spinosa* 113
– *subhirtella* 27
– *tenella* 27
– *triloba* 27
Pulmonaria angustifolia 23, 33
– *rubra* 23, 28
– *saccharata* 23
Pulsatilla vulgaris 15, **23**, 23
Purpur-Apfel 113
Purpurblatt-Bergenie 120
– Waldrebe 94
Purpur-Günsel 94
– Lorbeerrose 122
Purpurspatel-Sedum 94
Puschkinia scilloides 24
Pyracantha coccinea **106**, 123
Pyramiden-Königskerze 76
Pyrenäen-Distel 93
– Krokus 112

Quitte, Japanische 25

Raketen-Wacholder 125
Ranken-Schaumkerze 120
Rasen-Schmiele 28
Rauhblatt-Aster 108, 110
Regenbogen-Schwingel 94
Reiherfedergras 88
Rhododendron-Catawbiense-Hybriden 123, **124**, 124
Rhododendron dauricum **27**, 27, 119
– *ferrugineum* 123
– *hippophaeoides* 123
– *impeditum* 123
– *kaempferi* 27
– *luteum* 112
– *makinoi* 123
– *mucronulatum* 14, 27, 120
– × *praecox* **14**, 14, 27, 120
Rhododendron-Repens-Hybriden 124
Rhododendron schlippenbachii 112
– *scintillans* 123
– *vaseyi* 27
Rhododendron-Wardii-Hybriden 124
– Williamsianum-Hybriden 124
– Yakusimanum-Hybriden 124
Rhododendron yedoense 27
Rhus typhina **95**, 112
Ribes alpinum 27
– *aureum* 27
– *orientale* 27
– *sanguineum* 27
– *uva-crispa* 27
Riesenblatt-Rodgersie 87
Riesen-Funkie 87
– Garbe 76
– Zeitlose 111
– Miscanthus 81, 87
– Mohn 31, 46, 47
– Pfeifengras 87, 104, 111
– Schleierkraut 73
– Strandhafer 94
Ring-Krokus 111
Rittersporn 28, 45, 68, 80
Rodgersia purdomii 87
Rosa canina 113
– *hugonis* 31, **31**, 40
– *pimpinellifolia* 40
– *rugosa* 40
– *xanthina* 40
Rosen-Primel 23
Rosenteppich-Sedum 93
Rosmarinheide 122
Rosmarin-Seidelbast 122
Rotlaub-Mahonie 122
Rubin-Krokus 118
Rubus henryi 123
Rudbeckia fulgida **68**, 69, 74, **79**
– *laciniata* 69
– *nitida* **76**, 76, 110
Rundblatt-Ahorn 112
Runzelblatt-Schneeball 123
Ruten-Aster 107
– Hirse 87, 111

Safran-Krokus 112
Sagittaria sagittifolia 89
Salbei 74
Salix caprea 27
– *hastata* 27
– *purpurea* 27
– × *smithiana* 27
Salvia superba 40, 48, 74, 105
Sal-Weide 27
Sambucus nigra 27
– *racemosa* 27
Sanddorn 113
Sanguinaria canadensis 24
Santolina chamaecyparissus 92
Säulen-Eibe 125
– Lebensbaum 125
– Wacholder 70, 125
Saxifraga arco-valleyi 24
– × *apiculata* 24
Saxifraga-Arendsii-Hybriden 24
Saxifraga burseriana 24
– *callosa* 92
– *cochlearis* 92
– *cortusifolia* 110
– *cotyledon* 92
– *ferdinandi-coburgi* 24
– *grisebachii* 24
– × *invingii* 24
– *kellereri* 24
– *oppositifolia* 24

– *paniculata* 92
– *umbrosa* 93
Scabiosa caucasica 74, 110
Schachbrettblume 21
Schachbrett-Zeitlose 111
Schaf-Garbe 72
Scharlach-Berberitze 113
– Steinbrech 121
Schatten-Segge 28
– Steinbrech 93
Schaumkerze 19, 24, 33, 120
Schaum-Kresse 94
Schecken-Knöterich 74, 110
Scheinbeere 122
Scheinhasel 25
Scheinquitte 113
Scheinspiere 28
Scheinzypresse 121, 125
Schildblatt 20
Schlehe 113
Schleier-Aster 108, 110
Schleierkraut 73
Schleier-Sedum 94
Schleifenblume 21
Schlüsselblume 23
Schmalblatt-Lorbeerrose 122
– Rhododendron 123
Schmetterlings-Akelei 73
Schnee-Alpenveilchen 111
Schneeball 27, 100
Schneebeere 113
Schneefeder-Funkie 93
Schneeglöckchen 21
Schneeglöckchenstrauch 112
Schnee-Heide 14, 85, 94, 120, 122
Schneerose 21, 105, 119
Schnee-Segge 28
Schneestolz 19
Schönfrucht 113
Schwadengras 86, 93
Schwertlilie 36, 38, 46
Scilla amoena 24
– *autumnalis* 111
– *bifolia* 24
– *mischtschenkoana* 14, 24
– *siberica* 24
Sedum album 94
– *anacampseros* 93
– *cauticolum* 93
– *ewersii* 93
– *forsterianum* 12
– *hybridum* 12
– *kamtschaticum* 93, 94
– *oreganum* 94
– *pluricaule* 93
– *reflexum* 93
– *sieboldii* 93, 110
– *spathulifolium* 92, 94
– *spurium* 94
– *telephium* **74**, 74, 110
Seealpen-Steinbrech 92
Segge, Fuchsrote 94
Seidelbast 25
Seiden-Kiefer 121
Sempervivum 121
– *arachnoideum* 92
Sempervivum-Hybriden 94
Sempervivum tectorum 93
September-Alpenveilchen 15
– Sedum 93
– Silberkerze 83
Sesleria albicans 28, 94
– *autumnalis* 75
– *heuffeliana* 28
– *nitida* 92
Silberährengras 75
Silberblatt-Berberitze 122
– Fingerkraut 63
Silberlaub-Veronika 92
Silberdistel 92
Silberfahnengras 87, 104, 111
Silberfahnen-Steinbrech 92
Silberfeder 92, 105
Silber-Felsenbirne
Silbergarbe 65, 92
Silber-Günsel 92, 105
– Hemlockstanne 125
– Immortelle 70
Silberkerze 68, 83, 102
Silber-Kopfgras 92
Silberrand-Marbel 93
Silberrosetten-Steinbrech 92
Silber-Santoline 92
Silber-Scheinzypresse 121
Silberspatel-Steinbrech 92
Silber-Spindel 122
Silbersprudelgras 93
Silberstreif-Segge 93
Silber-Waldrebe 114
– Wollziest 92
Silberwurz 122
Silene schafta 69
Sinarundinaria nitida 123
Skabiose 74, 110
Skimmia japonica 123
Soldanella carpatica 24
– *hungarica* 24
Solidago-Hybriden 76
Sommer-Anemone 73
– Enzian 40
– Margerite 73
Sonnenauge 74, 76
Sonnenbraut 76
Sonnenhut 74
Sonnenröschen 48, 49, 74
Sorbaria sorbifolia 27

Sorghastrum avenaceum 111
Spartina pectinata 87, 93
Spartium junceum 70
Spinnweb-Steinwurz 92
Spiraea × arguta 27
Spiräen-Knöterich 38
Spierstrauch 27
Spornblume 73
Stachelbeere 27
Stachelnüßchen 92, 93, 94
Stachelschweingras 87, 93
Stachys byzantina 92
Stauden-Flieder 83, 101
– Immortelle 70
– Lupine 28
– Phlox 59
– Rittersporn 62
– Sonnenblume 76, 78, 81
– Vergißmeinnicht 39
Staudenwicke 74
Stechpalme 123
Steinbrech 24
Steinkraut 18
Steinwurz 121
Stephanandra incisa 112
Steppen-Iris 51
Sternbergia lutea 111
Sternblüten-Aster 107
– Felsenmispel 122
Sterndolden-Aster 107
Stern-Zeitlose 111
– Ligularie **76**, 76
Stipa barbata 88
– *capillata* **56**, 75
Storchschnabel 28, 73
Strahlen-Anemone 18
Strahlengriffel 27, 114
–, Bunter 114
–, Japanischer 114
Streifen-Szilla 24
Strauch-Paeonie 27, 29
Strauchrose 40
Strauch-Spindel 122
Strauß-Primel 34
Sumpfdotterblume 19, 36, 40, 86
Sumpf-Vergißmeinnicht 74
Symphoricarpos albus 113
Synthyris stellata 24
Syringa vulgaris 27

Tafelblatt 87
Tafel-Eibe 121
Taglilien 28, 39, 54, **54**, **55**, 65, 105
Tamarisken-Wacholder 121
Tannenwedel 88
Taxus baccata **100**, 121, 125
– *cuspitata* 122, 125
– *media* 125
Teppich-Felsenmispel 122
– Fingerkraut 74
– Glocke 105
– Pfefferminze 49
– Phlox 22, 33
– Schleierkraut 74
– Silberraute 92
– Veronika 48
– Wacholder 121
Thalictrum aquilegifolium 38, 40
Thelypteris palustris 89
Thuja occidentalis 122, 125
Tiarella cordifolia 24, **94**, 94, 120
Tibet-Geißblatt 123
– Geranium 105
– Knöterich 101
Tigerglocke 49
Tradescantien 105
Tradescantia-Andersoniana-Hybriden 74
Tränendes Herz 20
Trauben-Berberitze 112
Trauerglocke 24, 28
Tricyrtis hirta 104, 110
Troddelblume 24
Trollius **39**, 40, **51**, 51, 65, 105
Trompeten-Narzisse 33
Tsuga canadensis **13**, 122, 125
– *mertensiana* 125
Tulipa batalinii 24
– *bifolia* 24
– *clusiana* 24
– *fosteriana* **24**, 24
Tulipa-Fosteriana-Hybriden 24
Tulipa greigii 24
Tulipa-Greigii-Hybriden 24
Tulipa kaufmanniana 24
Tulipa-Kaufmanniana-Hybriden 24
Tulipa linifolia 24
– *praecox* 24
– *praestans* **17**, 24
– *pulchella* 24
– *sylvestris* 24
– *tarda* **24**, 24
– *turkestanica* 24
Türken-Mohn 28
Typha minima 89

Ussuri-Scheinrebe 114
Uvularia grandiflora 24, 28

Vaccinium vitis-idaea 123
Veilchen 16, 17, 24
Verbascum pyramidatum 76
Veronica armena 40
– *australis* 48
– *prostrata* 40, 48
– *spicata* 92

Viburnum × bodnantense 27
– *× burkwoodii* 27
– *× carlcephalum* 27
– *carlesii* 27
– *farreri* 27, 119
– *lantanum* 113
– *opulus* 113
– *× pragense* 123
– *rhytidophyllum* 123
Victoria regia 29
Vinca major 93
– *minor* 28, 93
Viola cornuta 24, 74, 110
– *labradorica* 94
– *odorata* **16**, 28, 83, 110
Vitis coignetiae 114
– *labrusca* 114
– *riparia* 114
Vogelfuß-Segge 93
Vorfrühlings-Iris 22
Vorläufer-Nelke 93
Vorläufer-Schneerose 85, 105, 110

Wacholder 121, 125
Wachsglocke 105
Wald-Geißbart 27
– Marbel 87
Waldmeister 21
Wald-Schmiele 87
Waldsteinia geoides 24, 28
– *ternata* 24
Wald-Vergißmeinnicht 22, 28
Walzen-Sedum 93
Walzen-Wolfsmilch 93
Wasserfarn 89
Wasserfeder 88
Wasser-Schwaden 28
Weide 27
Weinrebe 114
Weißrand-Funkie 92, 93
Wetterdistel 71
Wiesen-Iris 28, 38, 40, 43
– Margerite 73
Winter-Adonis 119
– Alpenveilchen 120
Winteraster 73
Winter-Jasmin 26, 119
Winterkrokus 118
Winterling 21, 120
Winter-Schneeball 27
– Schneerose 120
– Zeitlose 118

Zapfen-Fichte 125
Zaubernuß 119
–, Japanische 26
–, Virginische 112
Zaunrebe 114
Zeitlose 111
Zierapfel 113
Zirbel-Kiefer 125
Zuckerhut-Fichte 121
Zweiblatt-Szilla 24
Zwergahorn 80
– Astilben 64
– Berberitze 27
– Binse 88
Zwergblatt-Felsenmispel 122
Zwerg-Buchsbaum 122
Zwergeibe 122
Zwerghemlockstanne 122
Zwerg-Herzblume 73
– Iris 22
– Kiefer 121
Zwerglebensbaum 121, 122
Zwerg-Marbel 28
– Pfaffenhütchen
– Pfeifengras 93
– Rittersporn 48, 64
– Rohrkolben 89
– Scheinzypresse 121
Zwergseerosen 88
Zwerg-Silberraute 92
Zwergwasserrosen 52, 85

Von Karl Foerster erschien in unserem Verlag:

2. Auflage

Blauer Schatz der Gärten

114 Farbfotos
24 Aquarelle
32 einfarbige Zeichnungen
21,0 × 29,7 cm
Leinen mit Schutzumschlag
48,– DM
ISBN 3-7402-0068-5

Der Autor beschreibt in anschaulicher Weise die blau- und blaulilablühenden Gartenblumen. Einleitend werden Erfahrungen mit blaublühenden Gartengewächsen vermittelt. Besonders wertvoll sind dabei die Zuchterfahrungen und Gartenanwendungen der Rittersporne, mit denen sich der Autor besonders beschäftigte. Im Hauptteil des Buches werden zahlreiche blaue Gartenblumen in Wort und Bild vorgestellt. Dabei behandelt Karl Foerster die Gewächse in der Reihenfolge ihrer Blütezeit vom Frühjahr bis zum Herbst. Dem Text gegenüber stehen jeweils farbige Aquarelle der Graphikerin Esther Niedermeyer-Bartning. Außerdem wird dieser Teil des Titels durch zahlreiche Farbfotos der blaublühenden Stauden, Zwiebelgewächse, Einjahrsblumen oder Blütenstauden illustriert. Den Abschluß bilden Listen der blaublühenden Gartenpflanzen, ein Kalender ihres Blühbeginns sowie eine Liste der ungültigen botanischen Pflanzennamen.
Die Überarbeitung des bereits in den 50er Jahren erschienenen Buches auf den neuesten Stand wurde von Dr. Konrad Näser vorgenommen.